ख़ौफ़

ख़ौफ़

डॉ. मधु धवन

वाणी प्रकाशन

वाणी प्रकाशन
4695, 21-ए, दरियागंज, नयी दिल्ली 110 002

शाखा
अशोक राजपथ, पटना 800 004

फ़ोन: +91 11 23273167 फ़ैक्स: +91 11 23275710

www.vaniprakashan.in
vaniprakashan@gmail.com

KHAUF
by Dr. Madhu Dhawan

ISBN : 978-93-5072-582-5
Collection of Stories

प्रथम संस्करण

मूल्य : ₹ 200

न्यू कृष्णा ऑफ़सेट, दिल्ली-110093 में मुद्रित

वाणी प्रकाशन का लोगो मक़बूल फ़िदा हुसेन की कूची से

समर्पण

स्टेल्ला मॉरिस कॉलेज की कर्मठ सिस्टरों को समर्पित...

डॉ. सिस्टर हेलन विंसेंट f.m.m.(प्रिंसिपल)

डॉ. सिस्टर अन्नमा फिलिप f.m.m.(प्रिंसिपल)

डॉ. सिस्टर जैसिंता क्वाड्रस f.m.m.(प्रिंसिपल)

तथा

डॉ. सिस्टर सूजन मादेकल f.m.m.

—मधु धवन

दो शब्द

उत्थान के बाद पतन जैसे अनिवार्य नियम है, उसी तरह 21वीं शताब्दी के दूसरे दशक में भ्रष्टाचारिता की अतिशयता में यही नियम लागू होता दिख रहा है। मर्यादाओं और नैतिकता की दुहाई देने वाले देश में सबसे ज्यादा अपराध के क्रूर दृश्यों का परिदृश्य नजर आ रहा है। हर रोज की खबरों में पाँच-छह अपहरण, बलात्कार, एनकाउंटर, आगजनी तथा मर्डर केस बताये जाते हैं। ऐसे में किस-किस को सजा दी जाए? किससे रक्षा की फरियाद की जाए? किस पर कितना विश्वास किया जाए? कौन रक्षक और कौन है भक्षक? चारों ओर पसरे विषाक्त वातावरण में यह बात सटीक उतरती है–

आज के दौर में हर शख्स है मुजरिम यारो,
ऐसी हालात में किस-किस को दी जाए सजा...

इंटरनेट और फेसबुक सरीखे जनसंचार साधनों के चलते युवा वर्ग भटक गया है। बुद्धिजीवियों का चिन्तन-मनन उपभोग की ओर जाने लगा है। इस कदर बदलाव आ गया है कि अन्धी खाई में गिरने के सिवा और कोई चारा ही नहीं रहा है। दिन-पर-दिन जीवनचर्या में कमी आती जा रही है। लोग दिन-दहाड़े खुलेआम सीनाजोरी पर उतर आये हैं। शर्म-हया-इंसानियत दागी-बागी हो गयी है। छोटी तीन साल की बच्ची से लेकर दादी की उम्र वाली महिला के साथ...उफ्...!!!

पहला अपनी संस्कृति के प्रति लगाव का अभाव। दूसरा धर्म के प्रति रिश्वत की भावना। "मैंने पंडित से पूजा करवा दी है, अब फल क्यों नहीं मिल रहा है...?" तीसरा गुरु-माता-पिता के प्रति सम्मान की भावना खत्म है। चौथा आधुनिक पद्धति के कारण तनाव की बढ़ोतरी, पाँचवाँ झूठी शान और भोगवादी प्रवृत्ति। इन बुराइयों के कारण ही आज का वातावरण कुत्सित होता जा रहा है। ऐसी स्थिति में कोई भी कदम सख्ती का या नरमी का दोनों ही समाज के लिए अहितकारी हैं।

नपुंसक बनाने पर वे खूनी दरिंदे बन जाएँगे। समाज में खूनी अंकुर बन फूटते चले जाएँगे और यदि कुछ न कहे तो दरिंदगी की तमाम हदें पार होती रहेंगी। पुलिस बेमानी हो जाएगी। कौन किसकी सुनेगा। अतः इन बढ़ते हादसों पर अंकुश लगाने के लिए कौन-सा बेहतर कदम उठाया जाए....? आज समय यह सवाल बन हमारे सामने खड़ा हमसे पूछ रहा है कि इन कुकृत्यों का जिम्मेदार कौन...?

के-3, अन्ना नगर ईस्ट **डॉ. मधु धवन**
चेन्नई-600102

अनुक्रम

बेखौफ़

नारियल के गुच्छे से एक सूखा नारियल गिरा तो शीना की बदहवास आँखें एक विवशता का बोझ उठाये उस खोखले नारियल पर टिक गयीं। पेड़ पर बड़ा गुच्छा सुरक्षित 50 से ज्यादा नारियलों को लेकर हृष्ट-पुष्ट लटक रहा था फिर यह मध्यम आकार का नारियल गिरा कैसे...? किसी ने दैनिक जागरण का एक पन्ना उसकी मेज पर रख दिया था शायद सान्त्वना देने के लिए ....अग्नि नक्षत्र की तपिश और उमस में पसीने और आँसुओं से तरबतर शीना गहन सोच में गुम थी। कुछ देर तक बह अपलक शून्य में कुछ सोचती-सी पड़ी रही फिर एकाएक दहाड़ मार रो पड़ी...रोते-रोते बीच-बीच में क्रोध..आक्रोश से चिल्लाती कुत्ते...हरामजादे... बेगेरत...डरपोक...मेरा क्या कसूर...उनका भी क्या कसूर...रावण से भी बदत्तर कम से कम रावण ने सीता के साथ बलात्कार तो नहीं किया था...अपहरण किया था जरूर... मैं अपनी कोख में पलने वाले को कैसे मार देती...मेरी रजामंदी से न सही पर थे तो मेरी ही जान मेरा अंश...मेरा खून...

मैं इंजीनियरिंग की छात्र थी। क्या कर सकी थी। गैंगरेप में मेरा क्या कसूर था...मैं तो सर्वे कर रही थी... कैसे मेरे मुँह पर कपड़ा रखकर कैंपस से ही तो अगवा कर लिया था। किसी वीरान बस्ती से थोड़े ही...क्या कर सका कोई दिन-दहाड़े मुझे जबरन बाँध कर पाँच महीने रखा...मेरे हाथ-मुँह बँधे थे साथ ही बेहोशी की दवा अथवा इंजेक्शन दिया गया था। चीखने-चिल्लाने का सवाल ही कहाँ था जोर से टी.वी. चला रखा था... उसमें कौन शामिल था मैं जान नहीं सकी।

अखबारों में निकलता रहा पर कोई क्या कर सका...?

उसकी आँखें सामने पड़ी अखबार पर गयीं। एक कॉलम का शीर्षक था– ''महिला उत्पीड़न के खिलाफ 17 से प्रदर्शन करेगी ऐपवा''

हमारे संवाददाता, देवरिया को अखिल भारतीय प्रगतिशील महिला एसोसिएशन ऐपवा की प्रदेश सचिव प्रेमलता पांडेय एडवोकेट ने कहा कि गोरखपुर मंडल में बेखौफ़ गैंगरेप की घटनाएँ हो रही हैं। अमानवीय महिला उत्पीड़न की घटनाओं

का सिलसिला जारी है। पुलिस प्रशासन घटनाओं की लीपा-पोती करने में लगा है। महिलाओं की सुरक्षा और सम्मान के लिए ऐपवा 17 नवम्बर से विरोध प्रदर्शन करेगी। सुश्री पांडेय सोमवार को राघव नगर स्थित जिला पार्टी कार्यालय पर पत्रकार वार्ता में बोल रही थीं। उन्होंने कहा कि 3-4 नवम्बर को रात में जिला अस्पताल में पुलिस चौकी के बीच में नवनिर्मित भवन में पति के सामने सामूहिक बलात्कार की घटना घटी। पुलिस को आम जनता ने अपराधी पकड़ कर दिए भी फिर भी पुलिस की गिरफ्त से कहाँ गये आरोपी, कुछ पता नहीं चल सका। 9 अक्टूबर को पच्चीस वर्षीय युवती की हत्या कर दी गयी। जिसका आज तक खुलासा न हो सका। उन्होंने कहा कि तरकुलहां जंगल में एक युवती के साथ सामूहिक दुराचार के बाद गला रेत कर हत्या कर दी गयी। आम जनमानस का दिल उस समय दहल उठा जब रात में सोते वक्त दस वर्षीय गूँगी मासूम को दबंग घर से उठाकर ले गये। और सामूहिक दुराचार किया। इसी तरह सिद्धार्थ नगर जिले के ग्राम वरघाट गाँव में दबंगई और मध्ययुगीन हदों को पार करते हुए चोरी के आरोप में गरीब 11 वर्षीय शहनाज को आँखों में मिर्च डालकर प्रताड़ित किया गया। जिसकी प्रथम सूचना रिपोर्ट आज तक नहीं दर्ज की गयी...शीना के आँसू बहते ही गये। क्या होगा कितना सहा नारी ने... वह भी उस समय क्या-क्या सोचती थी जब सामन्तों की कठोरता दरिंदगी की बातें पढ़ती थी। सोचा करती कि यदि मैं होती तो मार-मार कर भुर्था बना देती...वे सब तो अनपढ़ थीं किन्तु मैं...इंजीनियरिंग फाइनल इयर की होनहार छात्र होकर भी क्या कर पायी...?

...साला...कहता है हम हरामी हैं...'सुन्दर और कर्ण का चेहरा आक्रोश से तमतमाया रहता...वे दोनों आकर शीना के सामने खड़े हो गये...' 'क्यों रो-रोकर आँखें गँवा रही है। अब जो हो चुका है उसे सुधारा तो जा नहीं सकता। इसी में अक्लमन्दी है कि तू हमें कर्मठ बना। देख हमारा मोटर गैराज कितना अच्छा चल रहा है। हम ज्यादा पढ़े-लिखे न होकर भी हर मोटर को ठीक कर लेते हैं...कौन कहता है कि हम हरामी हैं...रंग-ढंग-चाल-चलन से ही तो व्यक्ति का व्यक्तित्व परखा जाता है। लोगों की हम क्यों परवाह करें। हम आत्मनिर्भर हैं...आज फिर उस दूकानदार ने हमें गाली दी और हमने परवाह ही नहीं की।

'मुझे बेहद दुख है कि लोग भी नहीं समझते और जो मुँह में आये बोलते रहते हैं। बच्चों को भी नहीं छोड़ते। तुम्हें स्कूल से यह कहकर निकाल दिया गया कि तुम हरामी की औलाद हो..., उसकी आँखों से झर-झर आँसू बहने लगे। कर्ण ने आगे बढ़कर उन्हें पोंछते हुए कहा, 'तनिक सोचो, माँ, तुम्हारे दोनों जुड़वाँ बच्चे

लड़के हैं। और साहसी तथा समझदार हैं...अगर यही दो लड़कियाँ होतीं तो क्या दुनिया उन्हें जीने देती... क्या वे उनका भी वही हश्र न करती जो आपके साथ हुआ है...?'

'शुक्र है तुम दोनों मेरी स्थिति को समझते हो। मेरे दुख पर अपनेपन का मलहम लगाते हो लेकिन लोगों की आँखें तुमको हराम की औलाद कहती हैं तो... मेरे चरित्र पर छींटें उड़ते हैं।

'नहीं, दोनों चिंघाड़ पड़े...लो...,ग...ग...हरामी...हैं...'

'अच्छा हुआ हमें पढ़ने का अवसर नहीं मिला। पढ़-लिख जाते तो राम नहीं रावण ही बनते...अभी तो कम-से-कम इंसान हैं...' कर्ण ने कहा।

वे दोनों शीना को समझाते कि इस बात को इतने वर्ष बीत गये। हम जवान हो गये। हम तेरे साथ हैं फिर तुम क्यों नहीं भूलती...?

'उन दोनों बेटों की बातें सुन शीना फूट-फूटकर रोने लगी।' मैंने सुनी हैं गालियाँ, मैंने सुने हैं कुटिल शब्द, मैं रात-दिन घुट-घुट कर मर रही हूँ। अपना चेहरा आईने में देखने की हिम्मत नहीं है...तुम कहते हो भूलती क्यों नहीं... इन हादसों से क्या होता है तुम्हें मैं नहीं बता सकती...जले पर लाल मिर्च से भी सौ गुना ज्यादा दर्द...जलन...पीड़ा... शीना ने कहा—मैंने तुम्हें कैसे पाला है...उफ्...मत पूछो... ।'

'उन आवारा लड़कों को कोई कुछ नहीं कहता है। सारा दोष लड़कियों पर लगा दिया जाता है। मैं चाहती तो मर जाती किन्तु नहीं मैं तुम दोनों को दुनिया में लाना चाहती थी। मेरे माता-पिता तक ने मुझे त्याग दिया। नारी संस्थान सब...व्यर्थ के ढकोसले... मैं ऊटी आ गयी थी। एक साउंड स्टूडियो में इंदू फिल्म के साथ एक इंजीनियर की हैसियत से काम करने लग गयी। किन्तु तुम दोनों के पैदा होते ही मुझे काम से निकाल दिया गया और मेरे बारे में तरह-तरह की अफवाहें फैला दी गयीं।

मैं कहाँ जाती... कनूर हाईवे पर चाय के छोटे से ढाबे पर चाय बनाने लगी। अभी दो माह ही हुए थे कि एक दिन किसी यात्री की कार खराब हो गयी तो मैंने ठीक कर दी। जाते वक्त वे सौ का नोट थमा गये। चाय दूकान के मालिक ने हेय दृष्टि से देखते हुए पूछा 'क्या तुम वही हो जिसका गैंगरेप हुआ था...?'

मैंने कड़ी नजरों से उसे देखा तो वह मेरे गाल छूने को आगे बढ़ा। मैंने उसे इतना पीटा...इतना पीटा...और कहा अगर तुमने यह बात किसी को बताई तो देख...इतना कहकर मैंने फिर उसकी धुलाई कर दी...

तुम दोनों इतने छोटे थे कि तुम दोनों को उठाकर इधर-उधर जाना बेहद

कठिन था। किसी तरह उसी ढाबे पर काम करती रही। तुम दोनों पलने लगे। शायद यह बात सारे ऊटी में दबी जबान में फैल गयी। लोगों का आना-जाना बढ़ गया। उनकी नजरों में जो था मैं पढ़ सकती थी। चाय की दूकानवाला खुश नजर आने लगा। उसका बिजनेस बढ़ने लगा। रोज के पचास-साठ ग्राहक बढ़ गये।

अब लोगों की नीयत जान चुकी थी। मैं सदा तुम दोनों को अपनी पीठ पर बाँध कर रखती थी कि कब कौन-सी घड़ी भागना पड़ जाए।

ऊटी में मई-जून के महीने में फूलों की विश्व स्तरीय प्रदर्शनी लगती है। कई सैलानियों से सारा तमिलनाडु का यह पहाड़ी इलाका चहक उठता है। चाय की दूकान में अपूर्व सुन्दरी की झलक की माँग और स्वादिष्ट चाय का डबल जाएका लेने के लिए लोग जमे रहते। एक दिन शाम के पाँच बजे थे। पाँच बजे दूकान बन्द करने का समय होने वाला था। चार कारें बारी-बारी से आकर रुकीं। उनमें से तीस से चालीस साल की उम्र के बीस-बाईस आदमी उतरे। उन्हें देखते ही मेरे मन में कुछ खटका क्योंकि छह बजे तक उस जगह पर गहरी धुंध हो जाती है, कार चलाई ही नहीं जा सकती। इस बात की सूचना नीचे गेट पर ही दे दी जाती है और पाँच बजे के बाद कारें ऊपर नहीं छोड़ी जाती हैं फिर ये सब क्या... फिर कोई गैंगरेप...

चाय वाले ने शायद मोटी रकम ले ली थी। मुझे पच्चीस कप चाय बनाने का आदेश दिया..., कहते-कहते शीना ने गहरी साँस ली...

'मैंने पानी लाने के बहाने बाल्टी उठाई। बिस्कुट के चार पैकेट उठाये और वहाँ से भागी। कितनी जल्दी नीचे उतरी पिछली ओर से वह मैं ही जानती हूँ। तुम दोनों को कोई खरोंच भी न लगे। वहाँ से गेटमैन भी न देख सके। सब मिले हुए थे और मैं आयी महीने के दो शिशुओं के साथ पूरी दुनिया में अकेली। मैं... कितना कठिन होता है वह वक्त...

रात भर जंगल में तुम दोनों को उठाये चलती रही। बहुत थक गयी थी लेकिन उनकी कारों से डरती थी। दस आकर घेर लें तो मैं क्या कर सकती हूँ। मेरे पास सरसों का तेल और डिटॉल की शीशी थी। जिससे मैं कीड़ें-मकोड़ों से तुम्हारी रक्षा करती। वह थोड़ी देर रुकी।

सुबह होते ही मैं छिप-छिपकर जल्दी-जल्दी चलने लगी। इतना थक चुकी थी कि एक कदम उठाने की हिम्मत न थी। हार-थक कर तुम दोनों को अपने साथ बाँध कर सो गयी। इतना सोयी कि समय का पता ही नहीं चला। जब तुम दोनों जोर-जोर से रोने लगे तो कुछ लोग कहाँ से आये पता नहीं आकर खड़े हो गये। मुझे झिंझोड़ कर जगाया गया। अपने चारों तरफ भीड़ देख घबरा गयी। तुम दोनों

बच्चे रो-रोकर आकाश-पाताल एक कर रहे थे। दोनों को खोला। गोद में लिया।

वे मुझे देखते खड़े रहे। मैं अपनी सफाई में कहती रही...मैं टूरिस्ट हूँ। एकाध घंटे के बाद फारेस्ट ऑफिसर की जीप आ गयी थी। मैंने अंग्रेजी में पूछा यह कौन-सी जगह है?

केलिकट... उसने उत्तर दिया।

उसने मुझे इस तरह चलने का कारण पूछा और हिरासत में ले लिया।

जीप में बिठाकर जब वे हमें ले गये तो मैंने प्रभु को लाख-लाख धन्यवाद दिया। मैं भी तो सुरक्षा चाहती थी। जंगल में कहाँ भटकती और कितने दिन... रास्ता बड़ा ऊबड़-खाबड़ था। लगभग एक घंटे के बाद फारेस्ट के डाक बंगले पहुँचे। मैंने ऑफिसर से समय माँगा और कमरे में जाकर पहले तुम दोनों के कपड़े बदले। जब दूध पिलाने लगी तो देखा दरवाजा खुला है। बन्द करना चाहा तो चिटखनी ही टूटी पायी। मन ने सावधान कर दिया। दूध पिलाया तो तुम दोनों सो गये।

ऑफिसर को क्या कहूँगी सोचने लगी। काफी मंथन के बाद मैंने कहा—मैं इंजीनियरिंग कॉलेज की छात्रा थी एक सहपाठी से प्रेम हो गया। घर वाले हमारे विवाह के पक्ष में नहीं थे। हमने घर छोड़ दिया और शादी कर ली। शादी के एक साल बाद वह मुझे छोड़ किसी और के साथ विवाह कर सदा के लिए विदेश चला गया है। मेरे ये जुड़वाँ बच्चे हैं। वह टूटी-फूटी अंग्रेजी और मलयालम का सहारा लेकर जो समझा सका वह यह था कि हम कैसे मान लें कि तुम सच कह रही हो। कोई सबूत है कि तुम देश की नागरिक हो। देखने में विदेशी लगती हो। कहीं कोई जासूस तो नहीं...?

मैंने देखा वह इंगलिश पढ़कर समझ सकता था लेकिन बोल नहीं सकता था। मैंने लिखकर दिया कि मुझे सुरक्षा तथा नौकरी चाहिए। मैं इंजीनियर हूँ। मैं जितने दिन डाक बंगले में रहूँगी उसके पैसे भर दूँगी। मैं बच्चों वाली हूँ, मेरी मदद करें।

उन्होंने मेरी लिखावट और अंग्रेजी तथा बच्चे देख जान लिया कि भाग सकती नहीं और काम आता है। एक सप्ताह में ही मुझे ऑटोपार्ट बनाने वाली कम्पनी में नौकरी तथा रहने को एक कमरा मिल गया। तनख्वाह बहुत थोड़ी थी किन्तु सुरक्षित वातावरण था। मैं किस्मत की मारी थी अतः पैसा-पैसा जोड़कर रखती। मैं सदा चुप रहती किसी से ज्यादा बात नहीं करती। सब मेरे रूप-गुण से प्रभावित थे किन्तु मैं आत्मग्लानि से भरी थी। फिर भी शाम को बच्चों को ट्यूशनें भी देने लगी। इस तरह तीन साल बीत गये। तुम्हें स्कूल में भर्ती करवा दिया। जीवन में अनुशासन आने लगा।

एक बार कम्पनी में सालाना जलसा चल रहा था। सब कर्मचारी अपनी-अपनी ड्यूटी में लगे थे। एकाएक किसी की दबी आवाज कान में पड़ी यह लड़की वही इंजीनियर कॉलेज की नहीं जो गैंगरेप में जलील हुई थी...

पता नहीं। किसी ने उत्तर में कहा।

तेरे डायरेक्टर को पता है...?

पता होगा... मुझे नहीं मालूम।

अब तो पब्लिक प्रॉपर्टी है...कोई भी सरेआम इस्तेमाल कर सकता है।

मेरे कान खड़े हो गये।

परन्तु तुम्हें कैसे मालूम...?

इतना खूबसूरत चेहरा भुलाए भूलता है...क्या? कितने दिन कॉलेज के सूचनापट्ट पर था। अभी तो इसकी उम्र बीस-इक्कीस की होगी...बस...

मेरी रूह काँप उठी। मैं बहाने से घर आ गयी। रात भर सोचती रही। कैसे बचूँ इन दरिंदों से... जमा पैसा सहेजकर रखा, सामान बाँधकर कई विकल्पों में डूबती-उतरती रही। किसको कहूँ, किसे अपना समझूँ... बड़ी दुविधात्मक दहशत में थी। मैंने भागना उचित नहीं समझा। बच्चों को लेकर कोट्टयम् जाने का इरादा बना लिया। कम्पनी मैनेजर के नाम अर्जी लिख चौकीदार के हाथ थमा दी। सुबह की पहली गाड़ी पकड़ने की इच्छा से रात आठ बजे रेलवे स्टेशन चली गयी। जाते वक्त किसी को नहीं बताया।

वहाँ भी कहाँ जाती एक मन्दिर में जा बैठी। बच्चे खेलते रहे। रात होते ही स्टेशन पर आ गयी। वेटिंग रूम में रात बिताई और फिर नदीनुमा जलप्रवाह किनारे बने किसी पार्क में जा बैठी। तुम दोनों बच्चे खूब खुश थे।

मैंने राहत की साँस ली। नदी में तुम दोनों को खूब नहलाया और खुद भी अच्छी तरह नहा-धोकर तरोताजा हुई। कुछ कपड़े खरीदे। केले खिलाये। वहाँ से बस पकड़ी और स्टेशन के बाहर आ गयी। वहाँ कन्याकुमारी जाने के लिए बस खड़ी थी। मैं उसमें चढ़ गयी। कन्याकुमारी में कमरा लेकर बड़ी राहत मिली। हम खूब सोये। खाना खाया। हम वहीं कुछ दिनों के लिए टिक गये। कोई न था। मैं तुम दोनों को पढ़ाने लगी। शाम को आरती में जाने लगी। पैसा मेरे साथ सुरक्षित ही था। वहाँ शिमोगा से कोई स्कूल अध्ययन भ्रमण पर आया था। उनके साथ वहाँ चहल-पहल बनी रही। उस स्कूल की प्रिंसिपल से दोस्ती कर ली थी। उस रात उसे अपनी सारी दास्ता सुना दी और मदद की इच्छा प्रकट की तो उन्होंने कन्याकुमारी में बस जाने की सलाह दी।

सप्ताह के बाद केलिकट लौट आयी। कम्पनी के डायरेक्टर को मिली।

उन्होंने केवल इतना कहा कन्याकुमारी में आश्रम के पास मेरा गैराज बन्द पड़ा है उसे चलाओ और वहीं गुमनाम जीवन जियो। तुम अच्छी कारीगर हो। यही तुम्हारी नियती है। मैं तुम्हें बहन की तरह मान दूँगा। बहन शब्द सुनकर मैं इतना हँसी कि आँसू बहने लगे।

चलो किसी ने तो बहन कहा...

'आपको कैसे पता कि मैं कन्याकुमारी में थी।'

'कम्पनी के कर्मचारी से पता लगते ही तुम पर नजर रखी जा रही थी।' बॉस ने बताया।

अन्त में मैं यहीं बस गयी। किन्तु यहाँ के लोगों ने भी हमें स्वीकार नहीं किया था। आठवीं तक आते-आते तुम दोनों को कई तरह से तंग करने लगे और तब तक मैंने तुम दोनों को गैराज में आने वाली मोटरों के बारे में इतनी ट्रेनिंग दे दी कि आज तुम जितने अमीर हो...अपनी मेहनत से।

आज भी बलात्कार हो रहे हैं जब किसी से बलात्कार होता है तो उस समय उसके शरीर को नहीं उसकी आत्मा को ऐसा घाव मिलता है जो पल-पल नासूर होता जाता है।' वह सुबकने लगी।

बाहर कोई ग्राहक आ गया था दोनों बाहर आ गये। किसी की कार का टायर पंक्चर था उसे ठीक करते हुए कर्ण सोचने लगा—

माँ का क्या दोष? क्या लड़की होना दोष है? माँ की उम्र है ही कितनी... 31 साल की। जिस समय हम पैदा हुए होंगे, उस वक्त केवल 17-18 की और इतने जोखिम कष्ट... अगर वह भी हमें पैदा कर अनाथाश्रम में छोड़ देती तो...?

या हरामी समझ कचरे के डिब्बे में डाल देती तो...?

अकेली नारी ने रात-दिन हर जोखिम को उठाकर हमें इस काबिल बनाया।

हमारे सिर पर माँ का साया है। माँ न होती तो क्या हम इस तरह का जीवन जी सकते। किसी गली के कीड़े होते और कुत्ते-सूअरों के साथ बैठे खा रहे होते... फिर भी नारी को शाबाशी देने की बजाए उसका फायदा उठाकर उसे कलंकित करता है समाज...

हम समाज में ऐसे दरिंदों का अन्त कर देंगे जो नारी पर गन्दी नजर रखते हैं। आक्रोश से उनके नथुने फड़कने लगे।

कहराता मुस्कुराता जीवन

शड़ियन एक मामूली जमादार था किन्तु वहाँ का जमींदार उसे अपने बड़े भाई की तरह मानता था। इस बात से सारा कांचीपुरम् परिचित था। लोग खुलेआम कई प्रकार से विरोध भी प्रकट करते रहते परन्तु जमींदार अपनी बात समझाने की अपेक्षा हँसते हुए उनको समदृष्टि रखने का उपदेश देते।

शड़ियन भी रात देखता न दिन जमींदार की एक पुकार पर दौड़ता हुआ पहुँच जाता। भंगी के साथ इतना प्रेम...? इसका रहस्य बना हुआ था। जमींदार उसे अन्ना कह सम्बोधित करते यानी बड़े भैया और शड़ियन जमींदार को तंबी कह पुकारता यानी छोटे। समय बीतता गया शड़ियन अपनी सीमा में रहकर सारे काम करता या करवा देता।

किन्तु कभी जमींदार के आँगन में बैठा नहीं था अन्यथा कांचीपुरम् का समाज कितना कहर बरसाता इसका अन्दाजा शड़ियन को कई बार लग चुका था और अच्छी तरह मालूम था।

आठ दिनों से घमासान बारिश हो रही थी। ब्रह्मांड हिलाने वाले मेघों का गर्जन धरती को कम्पायमान कर रहा था। सारा तमिलनाडु एक भयावने माहौल में डूबा प्राकृतिक प्रकोप को झेल रहा था। रह-रहकर बादल इस प्रकार गरजते मानो अब फूटे कि फूटे। बच्चे डरे-सहमे व्याकुल हो माताओं की छाती के साथ चिपक गये। बछड़े घबराकर रंभाने लगे। सारे पंछी अपने-अपने घोंसलों में दुबके किसी अनहोनी की आशंका से घबराये शान्त थे कहीं कोई शोर न था तूफानी हवा के दिल दहला देने वाले थपेड़े या मेघों की भयानक गर्जन के बीच कड़कती क्रुद्ध बिजली के सिवा और कुछ न था। शहर की बत्ती गुल कर दी गयी थी। हाय... तोबा...हाय...तोबा और रुदन था।

बंगाल की खाड़ी में डिप्रेशन आ गया था तूफान सौ कि.मी. की रफ्तार से तमिलनाडु की ओर बढ़ रहा था। सारा शहर पहले से ही पानी में डूबा हुआ था। दोपहर के बाद तूफानी हवा ने तेज हो भयंकर रूप धारण कर लिया था। झुग्गी-झोंपड़ियाँ दो दिन पहले ही डूब चुकी थीं। लोग किसी न किसी स्कूल के आहाते में शरण ले

चुके थे। अगर किसी को पनाह नहीं मिली थी तो वह केवल भंगी-चमारों की बस्ती को। एक तो शहर से काफी दूर थे दूसरा लो-लेन एरिया होने की वजह से पानी बुरी तरह भर चुका था। उनके बच्चे-औरतें तथा मवेशियों का बुरा हाल था। पानी का प्रवाह इतना भयानक था कि झोंपड़ियों में लगे टी.वी. तक पानी में बहकर बाहर डूब गये थे। सबके कच्चे-पक्के घर पानी में नष्ट हो चुके थे।

चमारों की बस्ती की ओर कोई क्यों देखता भला...? आखिर चमार तो चमार ही होता है। वे सेवा करें, अन्य वर्णवाले क्यों करेंगे?

भंगी-सरदार तथा अन्य सदस्यों ने शड़ियन को जमींदार की याद दिलाई पर शड़ियन ने किसी की बात पर ध्यान नहीं दिया। वह खुद इस बात से हैरान था कि अभी तक उनकी ओर से कोई कार्यवाही क्यों नहीं हुई? बस्ती की पेरियाम्मा ने ठिठुरतेकाँपते स्वर में कहा– शड़ियन क्या करे...सरकार की ओर से कोई मदद आयी है क्या...? जब पानी बन्द हो जाएगा फिर नेता-अभिनेता, सुरक्षाकर्मी-समाज सुधारक सब आकर खड़े हो जाएँगे। अभी हम मर रहे हैं हमारे बीमार लोग मौत के मुँह में जा रहे हैं कोई चिन्ता है किसी को ...? कमजात...हमें चमार कहते हैं। अरे, चमारों का जीवन जी कर देखो...। आड़े वक्त पर ही इन अमीरों का पता चलता है। सब ढकोसले... उसका शरीर काँपने लगा।

अरे, पकड़ो... पकड़ो... पेरुमल की बीवी जोर से फिसलकर पानी के बहाव की चपेट में आ गयी।

बचाओ...बचाओ...की चीख-पुकार अफरा-तफरी के बीच ऐसी बिजली कड़की कि सबकी बोलती बन्द हो गयी। अम्बाल और कई बच्चे-बच्चियाँ दहाड़ मारकर रोने लगे। प्रभु को पुकारने लगे।

हमने ऐसा क्या किया था जो हमें चमार बनाकर कचरे की तरह फेंक दिया। बच्चे सहमे हुए थे।

जिस पेड़ के नीचे उन्होंने बसेरा किया था वह भी ऐसा गिरा कि भगदड़ मच गयी। चीखें निकल गयी थीं। उसके नीचे कई दब गये थे। शड़ियन तथा अन्य भंगी दौड़-दौड़कर सबको बचाते रहे। उसे भी बहुत चोटें लगीं थीं पर अपनी परवाह न कर बचाव में लगा रहा। चीख-पुकार के साथ-साथ तूफानी हवा के थपेड़े मानो जोर-जोर के थप्पड़ पड़ रहे हों रोने-बिलखने, दिल दहला देने वाली आवाजें चारों ओर गूँज रही थीं। सब तूफान के सामने बेबस थे।

शड़ियन...शड़ियन... की आवाजें सुनाई दीं, अपना नाम सुनकर वह उस ओर दौड़ा। वहाँ जमींदार को मिनी बस के ऊपर पाँच-छह सुरक्षाकर्मियों के साथ पानी में बहते हुए आते देखा। तो एकाएक शड़ियन को काठ मार गया। वह और उसके

समस्त साथी अवाक् खड़े यह दृश्य देखते रहे। धाराधार बारिश में पतवारनुमा बलियों की सहायता से मिनी बस को नौका बनाकर लाने वाले और कोई नहीं स्वयं जमींदार थे। उनका अपना बुरा हाल था। पानी का तेज प्रवाह पतवारनुमा बलियों को टिकने नहीं दे रहा था। ऐसा प्रतीत हो रहा था कि कई घंटों से पानी में भीग रहे हों।

चमारों ने दौड़कर उनकी नौका बनी मिनी बस को बड़ी कठिनाई से पकड़ा। ऊपर मेघों का कर्णफाड़ू गर्जन रूह कँपा रहा था। पानी का बहाव अति तीव्र था। सँभलकर नीचे उतरें तो कैसे... बड़ी कठिनाई से उतरे फिर भी पानी छाती तक आ गया था।

अन्ना...कहते हुए जमींदार शड़ियन के गले लग गया। उनकी आँखों से धारदार अश्रु बहने लगे। शड़ियन बुत बना दुविधात्मक स्थिति में था अभी जिसके बारे में सब क्या कुछ नहीं कह रहे थे वे इस प्रकार उस नाचीज के लिए आएँगे। मेघों के गर्जन से दसों दिशाएँ काँप उठीं।

अन्ना, तुम सब कहाँ चले गये थे? मैं कब से ढूँढ़ रहा हूँ पूरे तीन दिन हो गये मुझे ढूँढ़ते हुए। ऐसी भयानक बारिश में मैं सीधा तुम सबको लेने दो बसें और तीन ट्रक लेकर गया। पर बस्ती पूरी बह चुकी थी। तुम सबको लेकर घर क्यों नहीं आये...? क्या अपने तंबी पर विश्वास नहीं था...?

तूफान बढ़ रहा था और काले बादलों का गर्जन दिल दहला देने वाला होता जा रहा था। मैं कितना परेशान था कि मेरे अन्ना पर क्या बीत रही होगी?

तुम सबने एक बार भी मेरे बारे में नहीं सोचा कि तुम सबको वहाँ न देखकर मुझ पर क्या बीतेगी...? जमींदार की बात सुन शड़ियन का दिल भर गया। प्रेमाश्रु बहे जा रहे थे। एक बोल भी नहीं फूट रहा था। जमींदार के गले लगे रहे। शायद सुकून के पहले सुखद क्षण थे।

सुरक्षाकर्मी सबको पकड़-पकड़ कर सहारा देते हुए बस में बिठाने लगे थे। पानी में तिरती बस स्थिर हो रही थी. तूफान थमने का नाम नहीं ले रहा था। बड़ी कठिनाइयों का सामना करते हुए नौका बनी मिनी बस घर ले आये।

जमींदार ने अपने गेस्ट हाउस को चमारों के लिए खुलवा दिया था। घर के पिछवाड़े उनके मवेशियों को गौशाला में बाँध दिया था। उनके चारे-पानी का पूरा प्रबन्ध था।

सब के लिए कमरे में नीचे चटाइयाँ-दरियाँ बिछा दी गयी थीं। पन्यारअम्मा यानी जमींदार की धर्मपत्नी ने बड़े प्रेम से अपनी अलमारी से सबके लिए ओढ़ने-पहनने का बन्दोबस्त कर दिया था।

कई बच्चे अभी भी रोये जा रहे थे। उनको तेज बुखार हो गया था। उनके रोने से एक व्याकुलता का दर्द भरा एहसास जमींदार को होने लगा। उन्होंने अपने डॉक्टर को बुलाया। उस तूफानी रात में डॉक्टर अपनी टीम के साथ कैसे आता। वह तो कई दिनों से घर भी नहीं जा सका था। उसने अपनी कठिनाई बताते हुए इनकार कर दिया।

डॉक्टर आपको तीस-चालीस बेबस जनों की जान की सौगन्ध आना ही होगा। जमींदार ने बलपूर्वक कहा।

आज तक डॉक्टर ने कभी इनकार नहीं किया था। जमींदार के साथ मिलकर समाज को बेहतर बनाने में लगा था किन्तु इस तूफान का सामना करना भी सरल न था।

उसने समय की माँग की नाजुकता को समझते हुए जाना ही उचित समझा अन्यथा जमींदार सौगन्ध की बात नहीं करत्ते।

अपनी टीम की जान जोखिम में डाल किस तरह गेस्ट हाउस पहुँचा यह रोंगटे खड़ी कर देने वाली दर्दनाक भयानक व्यथा-कथा है। डॉक्टर ने पाया पेड़ के गिरने से कई लोगों को गम्भीर चोटें आयी हैं। सात लोगों की हड्डियाँ टूट गयी थीं। उनकी टीम ने प्राथमिक इलाज करना शुरू कर दिया था।

यह बात बाढ़ के पानी-सी ही चारों ओर फैल गयी कि चमारों की बस्ती का निवास जमींदार का गेस्ट हाउस बना। अपनी टीम को लेकर डॉक्टर भी वहाँ पहुँचा। सबको आश्चर्य हो रहा था कि वे सब पहुँचे कैसे आखिर क्या रहस्य है...?

मीडिया को उछालने के लिए अच्छा मजेदार जाएकेदार मसाला मिल रहा था। बारिश उसी तरह मूसलाधार हो रही थी गलियों में कमर तक पानी भरा था। कार तो क्या आदमी से चला नहीं जा रहा था ऐसे हालात में भी तीन रिपोर्टर नौका लेकर वहाँ पहुच गये।

मीडिया को आया देख जमींदार ने आक्रोश में कहा—चमारों की बस्ती डूब रही थी उस समय आप सब कहाँ थे...?

'सर, कवरेज लेना मुश्किल हो रहा था।'

'अभी बारिश नहीं है...क्या?' जमींदार ने पूछा।

'सुना है आप मिनी बस नौका की तरह चलाकर उन्हें बचाने गये। आखिर क्या रहस्य हैं जिसके लिए सरकार से भी ज्यादा पैसा और श्रम करके आप चमारों को बचा रहे हैं...?' मीडिया रिपोर्टर ने पूछा।

'इंसानियत...' जमींदार का संक्षिप्त उत्तर था।

'आप कहना चाहते हैं कि देश में केवल चमारों को बचाना इंसानियत है...

और शेष... आपकी नजर में इंसान नहीं...?' दूसरे रिपोर्टर ने पूछा।

'ऐसा तो मैंने नहीं कहा।' जमींदार बोला।

'हम तो कुछ और ही सुन रहे हैं...' रिपोर्टर ने कहा।

जमींदार और डॉक्टर समझ गये कि वे क्या कहना चाह रहे हैं।

'देखिए ! न तो मैं कोई नेता हूँ जिसे वोट चाहिए और न ही दिखावटी समाज सुधारक, जिसे सुर्खियों में नाम चाहिए। और न ही फलर्ट और न ही घूसखोर।' जमींदार ने कहा।

'तो फिर आपको क्या पड़ी है...?' रिपोर्टर ने पूछा।

'आप क्या कहना चाहते हैं...' डॉक्टर पार्थसारथी ने पूछा।

'हम जमींदार के मुँह से सुनना चाहते हैं कि वे अपनी और अपनी टीम डॉक्टरों की जान जोखिम में क्यों डाल रहे हैं...?'

'मैं श्रमाधार को जीवन मानता हूँ।' हमें एक नया समाज बनाना है मेरा मानना है कि हर व्यक्ति अपनी-अपनी शक्ति समाज को समर्पित करे और अपने लिए समाज से ले।' जमींदार ने समझाते हुए रोब से कहा।

'हमें एक नया समाज बनाना है। आपकी यह बात समझ आ गयी है पर आपको क्या पड़ी है...?' रिपोर्टर ने रहस्यात्मक स्वर में पूछा।

उसके प्रश्न पर हैरान होते हुए जमींदार ने कहा—'आप इसको तो देखते आये हैं कि अमीर और पढ़े-लिखे लोग शरीर श्रम नहीं करते। यह सामाजिक द्रोह है। इससे बढ़कर दूसरा द्रोह यह है कि जिनसे शरीर श्रम का काम लेते हैं उन्हें हीन भाव से देखते हैं।' जमींदार को बीच में टोकते हुए डॉक्टर ने कहा।

'उनको न विद्या देते हैं न शिक्षा, न महत्त्व और न शबाशी...उस पर ऐसे संकट के समय उनकी मदद करना तो दूर उन पर उँगली उठाई जाती है...' डॉक्टर ने रोषपूर्ण स्वर में कहा।

'जो काम सामाजिक जीवन के लिए अत्यन्त जरूरी है उसी की प्रतिष्ठा बढ़ानी चाहिए। हमारा समाज हाथी के दाँत दिखलाने के और खाने के और की तरह है।' टीम के अन्य डॉक्टर ने वाक्य में जोड़ते हुए कहा।

'अरे भई, कचरा साफ करना और टट्टियाँ साफ करना यह काम गन्दा है। आप अपनी साफ करने में हिचकते हैं ये लोग हम सबकी साफ करते हैं फिर सिर झुकाये शालीनता से खड़े रहते हैं। कोई भी मजदूर झाड़ू तक बुहारेगा नहीं और ये बेचारे...।'

'समाज के ठेकेदारों ने ऐसा गन्दा काम करने के लिए अलग जाति को नियुक्त कर दिया। यह हो गया हमारे समाज का निर्णय। लेकिन इतने से समाज

सन्तुष्ट नहीं हुआ। कष्ट उठाकर अपने स्वास्थ्य को खतरे में डालकर जो आदमी समाज सेवा करता है, उसके प्रति अधिक कृतज्ञता बरतनी जरूरी थी, स्वाभाविक भी था किन्तु समाज ने यह तय कर लिया जो पाखाना साफ करते हैं उन्हें अस्पृश्य माना जाए और समाज के बाह्य रखा जाए। उसी से गन्दा काम लिया जाए। हम समानता का अभियान चला रहे हैं। चारों वर्णों का काम तय है वे अपना-अपना काम करें पर रहें एक साथ जाति भेद का सवाल कभी न उठायें।

'इस द्रोह से बचने के लिए हमने पहले यह तय किया कि हर किसी को अपने को जिन्दा रखने के लिए शारीरिक श्रम करना चाहिए। शरीर का पोषण शरीर श्रम से करना चाहिए। इसी को भगवद्गीता में यज्ञ का नाम दिया गया है और इसी को ईसा ने 'ब्रेड-लेबर' कहा है। आज बौद्धिक और शारीरिक श्रम अलग-अलग माना जाने लगा है। किन्तु हम कहने लगे हैं कि समाज जिसे गन्दा काम समझता है उसका महत्त्व हमारे जीवन में कितना बड़ा है। और तथाकथित उच्च जाति के लोगों को चाहिए कि जो काम सार्वत्रिक है, अयन्त महत्त्व का है और जिसके प्रति समाज ने नफ़रत की निगाह का चलन चलाया है वही काम हम करें जिससे उस काम और उन लोगों को प्रतिष्ठा मिल सके। पाश्चात्य देशों में सब अपने सारे काम स्वयं करते हैं। शौचालय साफ करने वाले के कपड़े गन्दे रहेंगे ही यह सारी सामाजिक दुर्दशा दूर एक दिन में तो होगी नहीं अतः सही कारण-समय ढूँढ़ना भी जरूरी है। यह सही समय था जब उनको मदद चाहिए थी।'

चमारों का सारा दल सब बातें सुनता रहा।

'तुम इंटरव्यू लेने इस मूसलाधार बारिश में आये हो पर सहायता के लिए आगे नहीं आये...? और जो मदद करता है उसे शक की निगाह से देखते हो। यही हमारा भारतीय समाज है...' पेरियम्मा ने कटुता से कहा और दहाड़ मार रोने लगी। उसी के साथ वे सब भी रोने लगे जिन्हें चोटें लगी थीं।

हमने इनके बाल-बच्चों को पढ़ाया है। मेरी टीम के दस डॉक्टर आये हैं और उन्होंने अपने-अपने कंपाउंडर को जो चमारों के बच्चे हैं खूब प्रशिक्षित किया है।

हम जिस मकसद से आये थे वह पूरा हुआ कहते हुए रिपोर्टर चले गये। दूसरे दिन अखबारों में चमारों के चित्रों के साथ प्रेरणादायक रिपोर्ट छपी। और तमाम टी.वी. चैनलों में खबरों के साथ-साथ चारों वर्णों के सम्बन्ध में परिचर्चा होती रही। जमींदार तथा उनकी पत्नी बेहद खुश थे कि लोगों में जागरण का सूत्रपात होने लगा है।

तूफानी वर्षा का प्रकोप खत्म होते ही कई कॉलेजों के एन.एस.एस. विभाग से छात्र-छात्राएँ तथा उनके प्रोफेसर मदद के लिए आ गये। एक-एक पीड़ित को

देखा गया चमारों को ग़्रह देख बहुत भला लगा। कहराते हुए भी वे मुस्कुरा रहे थे क्योंकि अवश-विवश जनों को प्यार की मलहम वे लोग लगा रहे थे जो उनको अस्पृश्य समझ उनसे दूर रहते थे। आज वह दूरी खत्म हो रही थी। जो मनुष्य न कर सका वह इस प्रकृति ने कर दिया था।

वही हुआ कई मन्त्री, समाज-सुधारक टीमें आ पहुँची थीं। सब कुछ दर्दों के कारण और कुछ अपनी दयनीय स्थिति के कारण कहराते और मुस्कुराते रहे।

मुस्कुराता नववर्ष

कावेरी अपना लंच बॉक्स पैक कर उसे रखने के लिए बढ़ी ही थी कि उनका बेटा दौड़ता हुआ आया और दरवाजे से ही चिल्लाकर बोला, 'अम्मा, गाँव में पिताजी का इंतकाल हो गया।'

कावेरी ने सुना पर बात को अनसुनाकर वे अपना काम करती रहीं। यद्यपि पति के मरने की खबर को सुन एक क्षण को मन में कुछ जरूर हुआ था, किन्तु उन्होंने कोई प्रतिक्रिया नहीं दिखाई।

'आप सुन रही हैं न?' यह कहकर सुन्दरम् ने माँ का कन्धा पकड़ उन्हें झकझोरा तो कावेरी उसे एकटक निहारती रही मानो पूछ रही हो कि तू क्यों झकझोर-झकझोर कर मुझे कह रहा है। छोटा बेटा भी तब तक वहाँ आ गया था और क्रोध से माँ को घूरने लगा, मानो वे उसकी अपराधिनी हों।

'पिता कल रात गुजर गये हैं और आप यह सुनकर भी दफ्तर जाने की तैयारी में हैं.?'

कावेरी चुपचाप फाइलें उठा कर बैग में सहेजने लगीं। उनका दिल सुन्न था। न उसमें स्पन्दन, न संवेदन की कोई लहर थी। उनका हृदय मरुस्थल-सा बन चुका था।

छोटे बेटे ने अपनी पत्नी की ओर देखकर कहा, 'रोओ...चिल्लाओ...छाती पीटो...माथा पटको...अपने अनाथ होने की दुहाई दो...'

इस पर अम्मा की कोई प्रतिक्रिया न देख कर छोटे बेटे मुन्नुसामी ने पूछा, 'अम्मा तुम दफ्तर जा रही हो?'

कावेरी ने अपना पर्स और बैग उठाया और घर से निकल गयी।

बसों की भीड़भाड़ में भी कावेरी का मन शान्त रहा। दफ्तर में भी उन्होंने किसी से कुछ नहीं बताया। रोज की तरह अपना काम करती रहीं।

कावेरी के दफ्तर चले जाने से उनकी दोनों भाभियाँ मन-ही-मन काफी नाराज थीं। बड़ी भाभी अमलू तड़प उठी और उसने देवरानी वल्ली को खूब भड़काया। वल्ली ने समझाया भी कि आपको ऐसा नहीं कहना चाहिए किन्तु अमलू को चैन कहाँ। एक बजते-बजते अमलू भाभी ने दफ्तर में फोन कर बता दिया कि कावेरी

के पति का रात निधन हो गया है।

'तुम्हारे पति का कल रात निधन हो गया और तुम दफ्तर आ गयीं।' मैनेजर ने कहा।

कावेरी के इस व्यवहार से दफ्तर के लोगों को समझ आ गया कि कहीं कुछ गड़बड़ है। दफ्तर में दबी जबान में चर्चा होने लगी।

कावेरी को दफ्तर का वातावरण अजनबी-सा लगने लगा। वे घर आ गयीं। घर में आस-पड़ोस के लोग जमा थे। उनकी भाभियाँ और बहनें उनके बहू-बेटों के साथ उनके इस रूखे व्यवहार को ले चर्चा कर रहे थे। घर का माहौल देख कावेरी को समझते देर न लगी कि अमलू भाभी किस बात को लेकर फसाद खड़ा कर रही है। मेरी सीधी-सादी दोनों नयी बहुओं को मेरे खिलाफ भड़का रही है।

कावेरी को देखते ही बेटा सुन्दरम् पास आकर बोला, 'अम्मा, हम सब अभी जा रहे हैं। तुम चलोगी...?'

'हम सबका मरने वाले के साथ कौन-सा रिश्ता है जो मेरा जीवन यातनाओं से भरते जा रहे हो...' वह थोड़ा रुकीं। बेटे को कठोर नेत्रों से देखते हुए बोलीं—'आजतक तुमने अपने बाप की शक्ल देखी...? कभी पहले जाने की इच्छा प्रकट की...? आज तुम्हें भड़काने वालों ने पहले क्यों नहीं भड़काया...? आज 35 सालों के बाद सब चेत रहे हैं...? जिससे मेरा नाता इन सबने मिलकर तुड़वा दिया था। आज मेरे सूखे जख्म क्यों छील रहे हैं...? तुम क्यों इनके साथ बैठे हो..., और तुम्हें भी आज खयाल आया है...? उस समय नहीं आया जब तुम बड़े हो गये थे, कॉलेज की फीस देना कितना कठिन था। इन मामें-मामियों और मौसियों ने कुछ सहायता की? तुम्हारी शादी के समय इन्होंने ही कितना बवाल खड़ा किया था। उस समय कौन था मेरे साथ...? बस दफ्तर के लोग थे... पर आज जानबूझ कर फोन कर दफ्तर में बताया गया है। जिससे मैं सबकी नजरों में गिर जाऊँ... क्योंकि मैंने कभी इनसे सहायता नहीं ली। अपनी मेहनत से तुम दोनों को पाला-पोसा है।

'नहीं कावेरी', बड़े भाई ने समझाते हुए कहा, 'जो हुआ सो हुआ...तुम्हारी ससुराल से यह खबर आयी है, अगर खबर न आयी होती तो बात दूसरी थी।'

'आखिर है तो वह तुम्हारे दोनों बेटों का पिता...' छोटे भाई ने जोड़ा।

'दोनों बहुएँ भी यह नहीं चाहती थीं कि बाहर का कोई बातें बनाये। इसलिए जाना भी जरूरी हो गया है और दफ्तर में कहना भी जरूरी था।'

'देखो, अम्मा, अब पिताजी जीवित नहीं हैं। हो सकता है मरते समय उन्होंने अपने भाई से अपनी पत्नी और बच्चों से मिलने की बात कही भी हो, हमें क्या

पता? माँ अगर आप जाएँगी तो उनकी आत्मा को शान्ति मिलेगी कि मेरी पत्नी ने मुझे माफ कर दिया। मेरा अन्तिम संस्कार भी किया। आपकी आने वाली पीढ़ी यानी पोते-पोतियों के सुखमय जीवन के लिए आपका चलना जरूरी है।'

'आप सब जाइए और दुनियादारी निभाइए। मैं न दुनियादारी निभाऊँगी और न आपके साथ जाऊँगी। कावेरी ने कहा।

कावेरी की बात सुनते ही बड़ी भाभी अमलू ने सिर धुनना शुरू किया और जोर-जोर से कावेरी को ताने मारने लगी। हर तरह के लांछन लगाने और मन की भड़ास निकालने में उसने कोई कसर नहीं छोड़ी। दूसरी भाभी भी बड़ी के देखा-देखी छाती पीटने लगी। घर में चीखने-चिल्लाने की भयानक आवाजें गूँजने लगीं।

दोनों भाइयों के जोर देने पर अनमनी-सी कावेरी उठी और बोलीं—'आपको मेरा जीवन नरक में धकेल कर खुशी मिलती है तो चलो।' इतना कह चप्पल पहन वे घर से बाहर आ गयीं।

पैंतीस साल पहले जिस घर को छोड़कर कावेरी गयी थीं। उस घर में आना पड़ा। पति कुमरेशन की लाश जमीन पर पड़ी थी। शराब पी-पीकर उनका शरीर बड़ा भद्दा और स्याह पड़ चुका था। दूर से देखने पर किसी कोढ़ी की लाश लगती थी। उस पर मक्खियाँ भिनभिना रही थीं। कावेरी ने एक नजर लाश पर डाली उसका मन घृणा से भर गया। वही घृणा जो पैंतीस साल पहले हुई थी इतना ऊँचा पद होते हुए भी कुत्ते की मौत... इस पियक्कड़ रिश्वतखोर को क्या पता था कि सारा पैसा छोटा भाई खा जाए करता था। कावेरी का मन भर आया। वे बाहर आ गयीं।

'क्रियाकर्म, दाहसंस्कार, रीतिनीति नहीं निभाओगी भाभी?'

कावेरी के देवर ने पूछा।

'आज तक तुमने किया है, आगे भी तुम ही करो।' इतना कहकर कावेरी खामोश हो गयीं।

उनके मन में पति के मरने का तनिक भी अफसोस न था। रिश्तेदारों ने रीति के अनुसार कावेरी को जबरदस्ती बिठाकर उनके सिर पर पानी डाला। पहनने को साधारण-सी साड़ी दी और विधवा को लगाये जाने वाली भभूत मल दी।

न चाहते हुए भी विवश होकर कावेरी को वह सब करना पड़ा जो रिश्तेदार करना चाहते थे।

दाह-संस्कार करते समय पोते-पोती मृतक कुमरेशन के इर्द-गिर्द खड़े कर दिए गये। अन्दर-ही-अन्दर कावेरी आक्रोश से जलने लगी। जिस व्यक्ति ने उसकी ओर उसके बच्चों की कभी खोज-खबर नहीं ली, उसके लिए उसे इस कदर जलील होना

पड़ रहा है। मरने से पहले भी मनमर्जी करता रहा और मरने के बाद भी...!

दाह-संस्कार कर शाम सात बजे तक सब घर आ गये थे। बड़े बेटे सुन्दरम् ने कावेरी को बताया कि दाह-संस्कार का सारा इन्तजाम उन्हें ही करना है। कावेरी क्षुब्ध हो उठी।

'मुझे कुछ नहीं करना है। मैं इस आदमी को नहीं जानती। मेरे दफ्तर के पीछे रहते हुए भी वह कभी मुझे मिलने नहीं आया, न कभी पता लगाया कि बच्चे कैसे हैं, कितने बड़े हो गये हैं...क्या कर रहे हैं...आज जब मेरे दोनों बच्चे काबिल हैं और बेहतर जीवन जी रहे हैं, अपने बाप के कारण नहीं बल्कि मेरे कारण क्योंकि मैं खुद रात-दिन मेहनत करती रही, किसी ने मेरी मदद की...?'

'पर अम्मा,' मुनुसामी ने टोका।

'तू चुप कर,' कावेरी चीखी। 'तू क्या उसकी तरफदारी कर रहा है। तूने तो उसकी शक्ल तक नहीं देखी कभी...फिर कौन-सा पिता...और कौन-सा चाचा...?'

'मर गया तो क्रिया-कर्म हमें करना है और जिन्दा था तो सब उसका था। कावेरी ने भाभियों के तेवर देखे तो समझ गयी कि ये बदला लेना चाहती हैं। अतः एकाएक चिल्लाई, 'तुम मुझे विधवा के रूप में देखना चाहते हो न, ठीक है आज से तुम सब अपने मन की करो। मैं कुछ नहीं बोलूँगी।'

तेरहवीं तक प्रतिदिन पौ फटने से पहले ससुराल के रिश्तेनाते वाले कावेरी पर पानी डालते। जानबूझकर कुछ इस प्रकार डालते जिससे वह असहाय हो। कुछ गलत जगहों पर जोर-जोर से पानी मारते। कावेरी सिर नीचा कर सब सहती रहती। उनका हर दिन अलग-अलग फूलों से श्रृंगार करते। उस समय भी कोई-न-कोई कचोटते वाक्यों से उसे छलनी करने का प्रयास किया जाता। पहनने को केवल दो साड़ियाँ दी जातीं। किसी चीज को छूना उनके लिए मना था। बारहवें दिन मुँह अँधेरे ही उठकर गले का मंगलसूत्र दूध में डलवा दिया गया और मुँह छिपाकर घर के एक कोने में बिठा दिया गया। तेरहवीं के बाद मंगलसूत्र तिरुपति की हुंडी में डालने के लिए परिवार एक साथ जाना चाहता था पर दूरदर्शी बड़े भाई ने समझदारी से काम लिया। वे अपनी छोटी बहन के दिल का हाल जानते थे। वे कावेरी को और टूटते नहीं देखना चाहते थे, इसलिए उन्होंने ऐसी तारीख निश्चित की जिससे काम भी हो जाए और आने वाले नये साल की सुखदाई सुबह भी हो जाए।

कावेरी पिछले पैंतीस साल के जीवन में न जाने कैसे-कैसे कँटीले रास्तों को पार कर चुकी थीं। उन्होंने कमरे में झाँका तो उनका सारा परिवार गहरी नींद सो रहा था। खिड़की खोलकर बाहर देखा तो सड़क पर उनके जीवन की भाँति सन्नाटा था। उन्होंने कमरे में सोये सबके चेहरों पर उड़ती हुई निगाह डाली। दोनों

भाभियों के चेहरे सन्तुष्ट प्रतीत हो रहे थे।

हवा तेज चल रही थी। खिड़की के पट जोर-जोर से हिलने लगे। उन्हें अन्दर तक किसी अज्ञात भय ने घेर लिया। उन्होंने झट उठकर खिड़की बन्द कर दी। मन में उठ रहा शोर बढ़ता जा रहा था। साँय-साँय की आवाज मानो मरे पति की हो जो मुँह चिढ़ाकर कह रही हो...क्यों। घर छोड़कर भाग गयी थी न। आज मेरी विधवा बनी है... इसके साथ ही अतीत के वे दिन कावेरी की आँखों के सामने साकार होने लगे।

अमलू भाभी की जिद के चलते ही माता-पिता ने इस रिश्ते के लिए हाँ की थी, क्योंकि कुमरेशन भाभी का चचेरा भाई था और कावेरी की सुन्दरता पर मुग्ध था। उसने अमलू भाभी को उपहारों में साड़ियाँ, गहने और न जाने क्या-क्या भेंट कर पटा लिया था।

कुमरेशन पुलिस विभाग में कर्मचारी था। आस-पड़ोस ने तारीफ करते हुए कई बार कहा था, कावेरी ने क्या तकदीर पायी है। लड़का अच्छी सरकारी नौकरी के साथ-साथ हृष्ट-पुष्ट व रूपवान भी है। भाभी की माँ ने कितनी बार कहा था,—उपहारों से घर भर जाएगा। कुमरेशन तो काबिल पुलिसवाला है।

शादी के बाद कावेरी की घर-गृहस्थी शुरू हुई। सास ज्यादा बातचीत नहीं करती। कावेरी मशीन की तरह घर का कामकाज करती रहती। सुन्दरम् दो साल का था और मुनुसामी को गर्भ में आये दो माह ही हुए थे। एक दिन सास ने कहा—आज कुछ मेहमान आने वाले हैं। अच्छी तरह से तैयार हो जाना। उनकी आज्ञानुसार वह तैयार हो गयी थी। घर में जो मेहमान के नाम पर आये थे वे सारे के सारे ऐयाश थे। देर रात तक खाते-पीते रहे। उस दिन से यह हर रोज का नियम हो गया। आये दिन सोड़ा, शराब की बोतलें, मछली आती और माँ मन से बनाकर तैयार करती। जब वे आते कुमरेशन एकाध घंटा बैठकर बहाने से निकल जाते। वे मेहमान कहे जाने वाले ऐयाश उसे किसी न किसी बहाने से छू लेते। एकाध बार तो इस तरह उस पर एक गिरा और लिपट गया। वह काँप उठी थी। छोड़कर माँ के पास आ गयी थी। जब भी माँ से कहती तो वह उसे झिड़क देती—अरे, तो क्या हुआ। इतना पाखंड करने की क्या जरूरत है। मैं थोड़े ही कुमरेशन से कुछ कहूँगी। अब तेरा दिल आ गया है तो बैठ जा उनके पास कुछ देकर ही जाएँगे...लेकर नहीं...। सास की बात सुनकर वह अवाक् रह गयी। कैसी बातें कर रही हैं आप...? पति से कुछ कहना चाहती तो वे बिना कुछ सुने उठकर चल पड़ते।

एक दिन सास ने जब कहा, कावेरी, उसके साथ पिक्चर देख आ। कब से

मुझे कह रहा है कि कावेरी को कहिए मेरे साथ आये। तो वह भौचक्की हो सास की तरफ देखती रह गयी।

मुझे पिक्चर देखना पसन्द नहीं है, माँ। मेरा बच्चा बड़ा छोटा है। यह कह कावेरी ने सास की बात टाल दी। वह सोच रही थी कि पति को इस बात का इल्म नहीं है कि माँ उसके साथ क्या कर रही है। माँ की हरकतों का पर्दाफाश करके रहेगी। दो दिनों बाद कुमरेशन ड्यूटी से घर आये तो माँ ने बखेड़ा खड़ा कर उसकी उल्टी-सीधी शिकायतें कीं तो माँ की बातें सुनकर पति झुँझला उठे। आपने इसे समझाया क्यों नहीं कि वह मेरे लिए कितना जरूरी है। अगर वह पिक्चर ले जाना चाहता था तो चली जाती। क्या वह इसे खा जाता? अगर चार-पाँच घंटे उसे दे दे तो मेरे लिए कितना अच्छा होगा। इसकी सुन्दरता का फायदा फिर क्या है...

पति के मुँह से यह सुनकर कावेरी को काठ मार गया। उस रात इसी बात को लेकर पति-पत्नी में खूब बहस छिड़ी। नौबत मार-पीट तक आ गयी थी।

कावेरी समझ नहीं पा रही थी कि पुलिस विभाग में काम करने वाला उसका पति उसे गलत काम करने के लिए क्यों कह रहा है। वह उसकी धर्मपत्नी है कोई रखैल नहीं। यह पुलिसवाले का घर है कोई रेडलाइट एरिया नहीं, सास,माँ है कोई कोठा चलाने वाली नहीं फिर...

उस घटना के बाद ही तो रुख बदलने लगा। पत्नी को दासी समझने वाला पुलिस कर्मचारी अपनी ही पत्नी के लिए ऐसे विचार रखता है तो समाज की पीड़ित नारियों की रक्षा क्या करता होगा? उसके मन में द्वंद्व चलने लगा। कुमरेशन पुलिस की तरह आदेशात्मक स्वर में बात करता रहा। दूसरे बच्चे की माँ बनने जा रही हो। परन्तु जीवन में पति का फायदा कैसे करना है,यह पता नहीं. उसके बाल पकड़ कर दबी जबान में कहा था। यौन शुचिता पति के लिए होती है। हो चुकी। दो बच्चे मेरे हैं मुझे पक्का पता है। ऐ सुन, जो माँ कहती हैं वैसा कर मुझे यह अच्छी नौकरी ही नहीं, अपने सारे परिवार को भी बचाकर खुशियाँ देनी है। अमलू बहन को कीमती उपहार इसलिए नहीं दिए कि तेरे सुन्दर रूप-रंग को देखता रहूँ। पेट के लिए इसे कैश कर...

'...तो मेहनत कीजिए...ईमानदारी से काम कीजिए...' कावेरी ने समझाते हुए कहा।

'क्या मुझे पायी पढ़ाती है...पुलिसवाले को...' झटके से उसे धकेल दिया। कावेरी को अन्दर-बाहर बहुत चोट आयी। कावेरी उसे हैरान-सी नजरों से देखने लगी।

ऐसे क्या देख रही है... कहते हुए उसका सिर दीवार पर दे मारा था। बहुत

जोर से पटका था, धार बनकर खून बहने लगा था।

उस दिन से दोनों के बीच तनाव बढ़ने लगा और दूरियाँ भी। हर रोज जलसे मनाये जाते। दोपहर तक मछली, चिकन, अंडे, सोडा, शराब की बोतलें आ जातीं। देवर इन्हें लाकर कमरे में रख देता। अपनी सुन्दर भाभी को नशीली आँखों से देखता और खींचकर जबरदस्ती चुम्बन लेता। शरीर को अपने से सटाकर खुश होता। मैं देवर हूँ...मेरा भी हक है...जैसे साली आधी घरवाली होती है, वैसे ही देवर आधा घर वाला होता है।

कावेरी की सहनशक्ति का ह्रास होने लगा। मेहमानों की सेवा में लगी कावेरी जब भी बच्चा रोता तो वह उन्हें छोड़कर बच्चे को उठा लेती, दूध पिलाती।

एक दिन कमरे से बाहर आने में देर होती देख पति खूब झल्लाए और सुन्दरम् को उठा कर घर के बाहर पटक दिया। सुन्दरम् डर के मारे रोया नहीं उसकी आवाज बन्द हो गयी।

कावेरी भी आज तक पति से घबरा रही थी किन्तु पहली बार बिफरी थी। आप बच्चे को इस तरह क्यों पटक रहे हैं। घड़ी देखी है, पौने बारह बज रहे हैं। मैं अब कमरे से बाहर नहीं आऊँगी। और बच्चे को उठा अन्दर आ गयी थी। कमरा बन्द कर लिया था। उस दिन जीवन में जो तूफान आया उसने जीवन की धारा ही बदल दी। बन्द कमरे में कावेरी यही सोचती रही कि मायके जाकर क्या कहेगी। ऐयाश लोग कब किसको क्या कह दें, पता थोड़े ही चलता है। दहेज मैं कम नहीं लायी... फिर ऐसी हवस... ऐसी हरकतें...?

कावेरी घृणा, क्रोध से भर उठी। पति-पत्नी का पवित्र रिश्ता... उसे घुटन होने लगी। अगर घर में पैसे चाहिए तो वह स्वयं कमाकर लाएगी। ट्यूशनों से कमाएगी किन्तु अपने चरित्र पर दाग नहीं लगने देगी।

उसने नौकरी ढूँढ़नी शुरू कर दी। नौकरी पब्लिक लाइब्रेरी में मिल गयी थी। वह भी पूरे 1500 रुपये की। इस बात को सुनकर सबसे ज्यादा सास खुश हुई थी। उनके भाव पढ़कर कावेरी दुविधा में पड़ गयी थी। पहली बार उनके चेहरे पर सच्ची मुस्कान थी। तब यह नौकरी और इतनी तनख्वाह बहुत बड़ी मानी जाती थी। अब घर में छोटी-छोटी बातें भी उठने लगीं।

एक बार कावेरी पुस्तकालय से बाहर निकली तो लाइब्रेरी के एक कर्मचारी को उसने समझाया कि चाबी कहाँ जमा करनी है। पति ने यह देखा तो वे आगबबूला हो उठे।

'कावेरी, किसी पराये मर्द के साथ बातें करते तुम्हें शर्म नहीं आती।' पति की बात सुन वह मुसकाई। कौन कह रहा है। उसने पति को बहुत समझाया कि वह

कर्मचारी है और लाइब्रेरियन होने के नाते उसे समझाना होता है। उस दिन कुमरेशन ने उसे खूब पीटा था। खिन्न होकर वह बच्चे के साथ मायके आ गयी।

पिता को जब पता चला तो उन्होंने अपना सिर पीट लिया। दोनों भाइयों ने उसे मुड़कर ससुराल जाने नहीं दिया। यद्यपि कावेरी ने भाइयों को समझाया था कि जाकर पता लगाओ कि सच्चाई क्या है। कुमरेशन ऐसा क्यों करवा रहे हैं। कौन-सा दबाव है...। किन्तु किसी ने कुछ न सुना न कोई कदम उठाया बस रिश्ता तोड़ दिया गया...

मुनुसामी को तो उसने देखा तक नहीं था। कावेरी की सास मरने से एक साल पहले चोरी से उससे मिलने आयी थीं। उसके जेवर लौटाने। उसके जेवर लौटाते हुए उन्होंने कहा था, 'तेरी हिम्मत की दाद देती हूँ। औरतों को हमेशा भोगने की चीज ही समझा जाता रहा है, हमारी बिरादरी की औरतों ने ऐसा ही जीवन जिया है। उनकी दुनिया को घर की चारदीवारी में सीमित रखने की साजिश पुरुषों द्वारा आज भी रची जा रही है और आज भी वे शोषण की शिकार हैं।'

वे थोड़ी देर रुकीं फिर कहने लगीं,... 'अनुशासन, हया, तमीज, सब औरतों के ही आभूषण हैं, पुरुष कितना भी अनैतिक और अशोभनीय आचरण करे, उसके चरित्र पर कभी कलंक नहीं लगाया जाता जैसे कि वह सामाजिक अनुशासन के परे है। समाज के सभी स्तरों पर औरतों के ऊपर अकथनीय उत्पीड़न होता है।' फिर उन्होंने बातों का रुख बदला,। तूने सुन्दरम् को वकील बना दिया, यह तेरी हिम्मत की बात है। भाइयों से कभी पैसे की मदद नहीं माँगी। शादी भी भाई की लड़की से न कर वकालत पास लड़की से की यह और भी खुशी की बात थी। छोटे मुनुसामी को लाइब्रेरियन बना दिया और उसकी शादी भी भाई की लड़की से नहीं की। यह भी शान की बात है। छोटी बहू को काम पर लगवा दिया। आज की महँगाई के चलते सब काम अच्छी तरह निबटा दिया। मैं तुम्हें आज प्रणाम करती हूँ। ये गहने ले।'

'नहीं अम्मा', कावेरी ने कहा था। 'आपने मेरी हर बात को समझा और मुझसे मिलने आयीं, यही मेरे लिए काफी है। ये गहने आप ही रखिए। कभी आड़े वक्त आपके काम आएँगे। फिर थोड़ा रुक कर बोली, 'क्या एक सवाल आपसे कर सकती हूँ।'

'हाँ, उन्हें शायद अंदेशा हो गया था। 'माँ होकर भी आपने घर में ऐसा वातावरण क्यों बनने दिया?'

वे बहुत देर तक गम्भीर बनी रहीं फिर बोलीं—'तुझे यह पता है न कि हमारे यहाँ ज्यादातर पुरुषों के कम से कम दो घर होते ही हैं। यह सामाजिक प्रथा

मान्यता प्राप्त थी। सन्ध्या समय खूब बनाव शृंगार कर औरतों का मन्दिर में प्रिय को मिलने जाना, और मैं इस प्रथा के खिलाफ थी। उसका अन्त करना चाहती थी। किन्तु पुलिसकर्मी होकर भी तेरे पति के दादा और नाना, पिता सब बढ़ावा देते रहे। अपना जन्मसिद्ध अधिकार समझकर खुलेआम इस अनैतिकता को करते रहे। मुझसे भी...इतना कह वे चुप हो गयीं।

'अब तो सब कुछ बदल गया है। समाज में बहुत बदलाव आ गया है, अम्मा।' कावेरी ने कहा।

'मैंने मन पर एक बड़ा पत्थर रखकर जीवन से समझौता कर लिया था। रोज-रोज की पुलिस की मार कोई कितनी सहे और किससे फरियाद करे। किन्तु तूने बहादुरी से काम लिया क्योंकि तू पढ़ी-लिखी थी।'

'जीवन साहस का नाम है अम्मा। अगर आप साहस करतीं तो आज न आपके पुत्र की दुर्दशा होती और न मेरी गृहस्थी टूटती। अब मैं उसे अपना पति नहीं मानती हूँ। उसके मरने पर मैं किसी प्रकार का शोक नहीं मनाऊँगी।' कावेरी ने कहा।

ठीक है।' अम्मा ने कहा था।

मन्दिर के घंटे की आवाज से कावेरी का ध्यान टूटा। उसने एक लम्बी गहरी साँस छोड़ी और घड़ी पर नजर डाली। चार बजने वाले थे। अब उसका मन बेचैन नहीं था। मन-ही-मन विचार उत्पन्न होने लगे... दुनिया का सबसे बड़ा आश्चर्य क्या है। यक्ष के प्रसंग वाला प्रश्न मन में उठा। यक्ष के इस प्रश्न का युधिष्ठिर ने जवाब दिया था—हममें से प्रत्येक को इस बात की जानकारी है कि जब हम पैदा हुए हैं तो एक दिन मरना भी पड़ेगा, फिर भी यही माने बैठे हैं कि हम सदा के लिए जिन्दा रहेंगे। आज पति नाम का जीव शरीर छोड़कर चला गया है तो कल मुझे भी जाना होगा। इस तथ्य से मुक्त होने में मानव तब तक अक्षम है जब तक कि वह अपनी सोच अथवा मानसिक स्तर को ऊर्ध्वमुखी न बनाये। जीवन भी ऐसा ही सत्य है और मृत्यु भी। जिसका सामना हम सभी को कभी-न-कभी करना ही होगा। इस दुनिया में पैदा हुई हर चीज का अन्त है। जीवन हर क्षण में हमें मृत्यु के करीब ला रहा है। हम बूढ़े होना नहीं चाहते किन्तु होते जाते हैं। हम अपने शरीर को अपना मानते हैं किन्तु यह तो हमारा नहीं है।

मुझे अब क्या करना चाहिए। विचार पलटा। हमारा इस धरा पर आवागमन चलता रहेगा। हर दिन सूर्य निकलता है तो डूबता भी है।

बड़ी बात तो यह है कि हर वक्त नया बनकर निकलता है। प्रकृति का यह नियम कब, कौन बदल सका है?

इसलिए मुझे भी हर दिन नये सूर्य की तरह जीना चाहिए। उसे आने वाले नववर्ष से प्रेरणा मिलने लगी। हर साल एक नया साल बनकर आता है। मैंने अपने हिस्से की तमाम जिम्मेदारियाँ निभा दी हैं।

मैं आजतक अनभिज्ञ रही। आज से और ज्यादा काम करूँगी। क्या जरूरत है बीती जिन्दगी की गलतियों पर विचार कर कोसना। मेरी जो बची ज़िन्दगी है उसे और ऊर्जावान बनाकर कुछ अपने बच्चों, कुछ खुद के लिए और कुछ इस धरा के लिए कर पाऊँ। यही कहती है नियति।

मन्दिर के घंटे ने चार बजाए। दर्शनार्थियों की भीड़ उद्घोष के साथ मन्दिर के मुख्यद्वार की ओर चल पड़ी। उसके मन में विचार कौंधा... कोरा पाखंड जिसने पत्नी को जीवन भर दुख दिए उसको पंडे पुरोहित भी दान-दक्षिणा के लालच में आसानी से श्रेष्ठ साबित कर देते हैं। यह धोखेबाजी औरतों को बहुत महँगी पड़ती है।

कावेरी ने तमाम मलिनता को परे फेंक दिया। कमरे में देखा तो सारा परिवार उसी तरह थका माँदा सोया था। उसने केसरी रंग के बार्डरवाली साड़ी निकाली. नहा-धोकर तैयार हुई। कुमकुम लगाया। पर्स खोलकर चैकबुक निकाली। छोटे-बड़े सबके नाम दो-दो हजार के चैक काटे। साथ ही एक पत्र लिखा–

मेरे बच्चो,

मैं बस स्टैंड के बाहर की सीढ़ियों पर बैठी हूँ। सूर्य की प्रथम किरण के फूटते ही मेरे मन का अन्धकार मिट गया है। जन्म-मरण हमारी नियति है। इसलिए सब लोग घूमें फिरें, जो खरीद-फरोख्त करनी है, करें, किसी को अब और मायूस होकर बैठने की जरूरत नहीं है। आज नया वर्ष है, इस नये वर्ष का स्वागत नयी सोच से करें। मैं जिस तरह प्रतिदिन रहती आ रही हूँ, वैसे ही रहूँगी।

आपकी माँ कावेरी।

प्रातः सात बजे के आसपास जब परिवार के सदस्य उठे और पत्र पढ़ा तो उनके मन में भी नया प्रकाश हुआ। कल तक जो कावेरी को दोषी करार दे रहे थे उसके परिपक्व विचार देख सबके सब नकारात्मक मार्ग से सकारात्मक मार्ग की ओर सोचने लगे।

एक नयी खुशी की लहर घर-परिवार में फैल गयी। ऐसी खुशी जो बिल्कुल नयी तरह की थी। सबने देखा, केसरी साड़ी पहने सजीधजी अम्मा बस स्टैंड की सीढ़ियों के पास बैठी थीं और एकटक सूर्य को देख रही थीं। सब दौड़ते हुए उनके पास पहुँच गये और कावेरी उन्हें गले लगा कर प्यार करने लगी। आज सूर्य की किरणें नयी आभा बिखेर रही थीं।

नववर्ष का अनुपम उपहार

घुटन भरे वातावरण को दूर करने के मकसद से भास्करन बॉलकनी में आ खड़ा हुआ। उसके दोनों हाथ रेलिंग पर कस गये। मन में उठता दर्द उसकी नसों के कसाव से जाना जा सकता था।

अन्दर से मंगलम् के बड़बड़ाने और सिसकियों की आवाज आ रही थी। हर सुबह जानबूझ कर बखेड़ा करना उसे कतई पसन्द न था।

दफ्तरी जीवन में क्या कम तनाव है? घर में भी दो घड़ी सुकून नहीं तो क्या फायदा घर का... आखिर उसका दोष क्या है?

बड़ी नौकरी, मोटी तनख्वाह, काम की ही तो इतनी मोटी तनख्वाह मिलती है सारा दिन घर बैठा रहेगा तो कौन देगा तनख्वाह...उसका मन छटपटाने लगा। विवाह को इतने साल हो चुके हैं किन्तु व्यवहार में जरा-सा भी अन्तर नहीं आया। क्या पत्नी होने का यही अर्थ होता है कि खूब झगड़ो, लानतमलानत फेंको और फिर मुँह सुजा लो। उसका मन बिसूरने लगा।

अन्दर से मंगलम् की आवांज गालियों में बदलने लगी। भास्करन इन क्षणों में अपने को बेबस पाता। चुप रहना उसने सीख लिया था, किन्तु गालियाँ सुनते ही उसका गुस्सा सातवें आसमान पर पहुँच गया। वह कमरे की ओर मुड़ा और लालपीला होते हुए जोर-जोर से चिल्लाने लगा।

'मैं देख रहा हूँ कि दिन-ब-दिन तुम बदलती जा रही हो। तुम मिडिल क्लास मानसिकता वाली को समझाएँ भी तो कैसे....?'

भास्करन का जहर उगलता वाक्य सुनते ही मंगलम् के तन-बदन में आग लग गयी। वह जहरीली साँपिन-सी फुफकार उठी। 'अच्छा मैं मिडिल क्लास मानसिकता वाली हूँ और तुम बड़े पूँजीपति बाप के बेटे हो...' मंगलम् ने जलती हुई नजरों से देखा।

भास्करन कलह नहीं चाहता था। उसने स्वर में बदलाव लाकर धीमे से कहा, 'तुम समझती क्यों नहीं...?'

'क्या समझूँ...?'

'यह कि जब इतनी मोटी तनख्वाह मिलेगी तो क्या फोकट में मिलेगी...?'

'सारी दुनिया काम करती है। तुम कोई अनोखे तो नहीं हो...मंगलम् ने चिढ़ते हुए कहा।

'तुम समझती क्यों नहीं हो?' भास्करन ने दोबारा उसे समझाया।

'मैं समझती नहीं हूँ तो तुम कौन-सा समझते हो। अरे तुम तो मिडिल क्लास से भी बदतर हो। मेरे पिताजी के पास थ्री बेडरूम वाला फ्लैट तो हैं। चाहे पुराना ही सही किन्तु गली में हमारी शान है। तुम सारी जिन्दगी एक बेडरूम वाले फ्लैट में रहे और आज भी रह रहे हो।'

मंगलम् के मुँह से सिंगल बेडरूम वाले फ्लैट की बात सुनकर भास्करन तिलमिला उठा। उसे लगा मानो भरे बाजार में सरेआम नंगा कर दिया हो, उसकी दुखती रग पर जोर से प्रहार कर दिया हो। उसकी आँखें लहूलुहान होते अपने जख्मी दिल को देख रही थीं। वह बॉलकनी में लौट आया। नथुने ही नहीं हाथ-पैर भी फड़कने लगे।

वह मन-ही-मन कहने लगा—छुटपन से ही मुझे एक बेडरूम वाला फ्लैट खटकता था। मैंने कई बार अपने पिताजी को कहा भी कि बड़ा फ्लैट ले लेते हैं। पिताजी मेरी बात सुनते और आश्वासन देते रहते। किन्तु जगह की तंगी उसी तरह बनी रहती। वह दिन मुझको कभी भुलाए नहीं भूलता जब मूसलाधार बारिश से छत चूने लगी और छत की सीढ़ियों से पानी घर में भर गया था।

उस रात पापा कितने बेबस, लाचार और बेचैन थे। उनके चेहरे पर छाई चिन्ता और खौफ की रेखाएँ आज भी आँखों के सामने आ जाती हैं और दिल क्षणभर के लिए ही सही दहल जाता है।

समय की रफ्तार का पता ही नहीं चला और मैं नौकरी के सिलसिले में कैंपस सैलेक्शन से सीधा अमरीका पहुँच गया।

अपने जीवन में आये इस सुखद परिवर्तन से मुझे लगा था कि फ्लैट क्या अब तो चार-पाँच बेडरूम की कोठी ही ले लूँगा। दो-तीन माह के अन्दर कोयंबत्तूर घर पैसा भेज दिया। एक बेडरूम वाले घर की मरम्मत करवा ली गयी नया रंग-रोगन और सोफे नये बिछा दिए गये। इसी में लगभग बीस लाख लग गये।

बाहर का खाना खा-खाकर मेरी तबीयत बिगड़ने लगी थी। कहाँ मैं सांभर-इडली खानेवाला, मदुरै मटनकरी का जाएका लेने वाला कितने दिन वहाँ का खाना खा सकता था? माँ से कहा कि लड़की ढूँढ़ो और शादी कर दो। सोचा था कि मेरे सपने पत्नी के सहयोग से एक-एक कर पूरे हो जाएँगे। माँ-पिताजी को शानदार जीवन जीने का अन्दाज दूँगा।

माँ ने झटपट कदम उठाया।

चेन्नई एयरपोर्ट पर माँ-पिताजी कोयंबत्तूर से आ गये थे और साथ ही कई रिश्तों की लम्बी सूची ले आये थे। उस दिन उन्होंने क्रमवार होटल सवेरा में चार लड़की वालों को लड़की सहित बुला लिया था। पहला परिवार लड़की लेकर ठीक चार बजे कॉफी हाउस में आ गया था। वे आधे घंटे में चले गये थे।

इसी तरह सात बजे गुमनीपुंडी से एक परिवार आया तो मैंने ही कहा था, माँ, बहुत अमीर नहीं। अपने जैसे ही देखो न...

दूसरे दिन माँ ने सेलम से आये मंगलम् के परिवार के साथ मंगलम् को दिखाया था और मुझे मंगलम् अच्छी लगी थी। शादी कर मंगलम् को साथ ले आया था। मैंने कितने ढंग से अपनी इच्छा और दिनचर्या उसे समझा दी थी।

कितने प्यार से उसके साथ जीवन की गाड़ी चल रही थी। फिर एकाएक क्या हो गया?

जिस दिन उसे मन की बात बताई थी और उसे समझाया था कि बार-बार घूमने या भारत का चक्कर न लगाकर यदि हम अपना पैसा जोड़ेंगे तो अपने सपने पूरे कर पाएँगे। उसी दिन से मंगलम् के व्यवहार में अन्तर आने लगा।

भास्कर की तन्द्रा टूटी। उसका मोबाइल बज रहा था। उसने उत्तर दिया और झटपट तैयार होने लगा। आज उसे अपने कस्टमर को प्रैजेंटेशन दिखाना था। उसे तैयार होता देख मंगलम् ने टोका—उठाओ लैपटॉप और चले जाओ दफ्तर पीछे बैठी मैं रात देर तक इन्तजार करती बोर होती रहूँगी। तुम्हें क्या?

यह सब तुम्हारी अपनी गलती है, मेरी नहीं। याद करो वह दिन जब मेरा कॉन्ट्रैक्ट खत्म होने को आया था तो उस समय तुमने कितनी मन्नतें माँगी थीं कि किसी तरह नये प्रोजेक्ट में नाम शामिल हो जाए और हम प्रवासी कहलाते रहें। मैंने तुम्हें खुश देखने के लिए दूसरे प्रोजेक्ट में नाम दे दिया। तुम चाहती थीं, एनआरआई कहलाते रहें।'

इतना कह भास्करन घर से निकल गया। गुस्से से बड़बड़ाती मंगलम् बॉलकनी में आ गयी। वह चिल्ला-चिल्लाकर बड़बड़ाने लगी। 'शेखी बघारता है...' कोठी लेंगे, पैंट हाउस लेंगे, बंगला लेंगे। दो बेडरूम का फ्लैट तो खरीद नहीं सका। बातें करता है बड़ी-बड़ी...। मैं कटौती करूँ और मजा लूटने सारा परिवार आएगा और शान मारेगा। क्रोध से उसके नथुने फड़कने लगे...सारा पैसा अपने परिवार पर खर्च देता है। भास्करन जा चुका था।

वह थोड़ी देर बॉलकनी में खड़ी सोचती रही उसके विचारों ने पलटा खाया कि यह बखेड़ा तो मैंने ही खड़ा किया था...।

ठीक है, मैं प्रवासी यानी एनआरआई ही रहना चाहती थी। उस समय सोम

सुन्दरम् होने वाला था। मैं क्या कहती उसका जन्म कनाडा में हो तो बड़े होकर उसे कितना अच्छा लगेगा। यह सोचकर मैंने निर्णय लिया था कि जब वह फार्म में भरा करेगा, जन्मस्थान कनाडा तो उस पल उसकी शान में चार चाँद लग जाएँगे। मुझे क्या पता था कि विदेशी जीवन में सब्जबाग ही होते हैं। सोम सुन्दरम के बाद राजन हुआ। जीवन की गाड़ी किचकिच कर चलती रही। फिर अमुदम्...मैंने भी बहुत किया। बहुत सहा है।

उस दिन पहली बार भारत जाना है या नहीं, इस बात को लेकर कितना झगड़ा हुआ था। झगड़ा बढ़ते-बढ़ते कहाँ तक पहुँच गया। बस, तलाक की नौबत नहीं आयी।

मेरे भारत जाने की जिद देखकर भास्करन ने कहा था, शादी के वक्त तुमसे यह बात छिपायी नहीं गयी थी कि तुम्हें मेरे साथ विदेश में ही रहना है, फिर क्यों भारत जाने की रट लगा रखी है।

मैं भी कितना कटु से कटुतर स्वर में बोली थी। वह कुछ पल शून्य में निहारती उन विगत पलों में खो गयी। अपने आप बोलने लगी।

...हाँ...हाँ...तुम ठीक कहते हो, मैं अप्रिय प्रसंग छेड़ देती हूँ, क्योंकि मुझे चिढ़ हो गयी है तुमसे, तुम्हारी नौकरी से, तुम्हारे प्रोजेक्ट से।

जीवन इसी का नाम है। भास्करन की आवाज का स्वर उपदेशात्मक था।

मैं कैसे बिफर उठी थी। तुम मुझे उपदेश न दो तो अच्छा है। अब यह नौकरी मेरे जी का जंजाल बनती जा रही है।

अच्छा, मैं आज ही इस्तीफा दे देता हूँ, और चलते हैं घर।

मैंने कनखियों से भास्करन को देखा और उसके चेहरे पर आयी चिन्ता की रेखाओं को देख घबरा गयी थी। मैंने अपने को सहेजना शुरू किया था।

इस्तीफा क्यों, लम्बी छुट्टी ले लो। इस तरह कितनी ही बार झगड़े होते रहते। आखिरकार लम्बी छुट्टी लेकर हम कोयंबत्तूर आ गये थे। हमें आये हुए एक सप्ताह हो चुका था। समस्त सगे-सम्बन्धियों ने हमारी खूब आवाभगत की। हर समय कनाडा की चर्चा होती। खूब बढ़ा-चढ़ाकर बातें होतीं।

हमारे बच्चों को भारत का वातावरण, आसपास के लोगों का रहन-सहन अच्छा नहीं लगा। वे रोज सोते-जागते बस यही पूछते कि माँ, वापस कब जाएँगे?

मैं उन्हें कितना डाँटती, किन्तु सच तो यह था कि अब मेरे मन को भी विदेश अच्छा लगने लगा था। जो सुनता हम कनाडा में रहते हैं तो हमारे प्रति उनके मन में श्रद्धा बढ़ जाती। उनकी प्रतिक्रियाओं को देखकर मैं कशमकश में पड़ गयी। फिर सोचने लगी कि कहीं मैं गलती तो नहीं कर रही। यहाँ आकर क्या इतनी

इज्जत मिलेगी। सगे-सम्बन्धी जब तारीफों के पुल बाँधते हैं तो लगता था खामख्वाह भास्करन से भारत लौटने की जिद करती हूँ।

यहाँ विदेश को इस प्रकार सोचते हैं मानो कोई अजूबा हो। सारा समय इसी कशमकश में बीतता। रोजाना रिश्तेदारों का तांता लगा रहता। हर व्यक्ति इसी लालच से भी मिलने आता कि मैं किसी तरह उनके बेटों को कनाडा बुलवा लूँ।

उस बार भास्करन कई तरह की उधेड़बुन में पड़ा रहा। क्या करे और क्या न करे। उसने गहन चिन्तन प्रारम्भ कर दिया था। अगर वह नौकरी छोड़ भारत आ भी जाए तो उसके लिए कौन-सी नौकरी है। उसे फिर भी गुडगाँव की ओर जाना पड़ेगा।

क्या फर्क पड़ेगा। दूसरी नौकरी में इतनी तनख्वाह या शान मिलेगी? आज आयी टी इंडस्ट्रीज...उफ् उसका माथा झनझना उठा।

वह मोबाइल से अपने लोगों से कई प्रकार के सवाल करता तो मुझे समझते देर नहीं लगती। उसके चेहरे के भाव पढ़ते हुए, मैंने उसकी तन्द्रा तोड़ी थी।

कितना अच्छा लग रहा है न चारों ओर अपने ही अपने, कोई दूसरा नहीं, जब चाहा ऑटो बन्द, चले जाओ जहाँ मन करे। और वहाँ अकेलापन, बस... अकेलापन, घुटन है।

इतना कह मैंने कनखियों से देखा था। उसके भावों को पढ़ना चाहती थी। कहीं मैं गलत निर्णय तो नहीं ले रही।

भास्करन ने गम्भीर होते हुए कहा कि यहाँ दो बेडरूम का फ्लैट लेने की सामर्थ्य हम में है? जब तक मुझमें फ्लैट खरीदने की ताकत नहीं होगी तब तक मैं नौकरी छोड़कर नहीं आऊँगा।

मंगलम् अन्दर ही अन्दर खुश हो गयी थी। क्योंकि अब वह विदेश में रहने के महत्त्व को जान गयी थी। उसने लाचारी के स्वर में कहा कि बच्चे भी नहीं चाहते हैं। बच्चों की आड़ में उसने स्थिति सँभाल ली। साथ ही यह एहसास दिला दिया कि वह बिल्कुल विदेश जाना नहीं चाहती किन्तु तुम्हारे और बच्चों की खातिर उसे चलना पड़ रहा है।

मायके और ससुराल से बहुत-सी मीठी यादें और एहसास लेकर वे दोनों बच्चों समेत कनाडा लौट गये... साल गुजरने लगे। जिस प्रोजेक्ट के लिए काम चल रहा था वह भी अपने चरम पर था। भास्करन दिन-रात डटा हुआ था। बस, एक साल और काम करेगा तो दो करोड़ रुपये के फ्लैट खरीदने के बारे में सोच सकता है।

अचानक माँ के देहान्त की खबर मिली। भास्करन का दिल हाहाकार करने

लगा। प्रोजेक्ट के अन्तिम पड़ाव को अंजाम देने की अनिवार्यता के चलते उसे छुट्टी नहीं मिली। कई प्रकार से जोर लगाने पर भी जब उसे छुट्टी नहीं मिली तो थक-हार कर उसने भारी मन से मंगलम् व बच्चों को भेज दिया। जो पैसे जोडने का अनथक प्रयास कर रहा था उसमें से खर्चने पड़ गये।

वह फूट-फूटकर रोया। पैसों का दुख न था। दुख था कि माँ के होते दो कमरों वाला फ्लैट भी खरीद न सका। और माँ चल बसी। आज उसके मन के गहरे जख्मों को कौन कैसे देख सकता था। उसकी आँखों में एक मायूसी भरने लगी। जिनको सुख देने की इच्छा थी, यानी माँ-पिताजी को, उनमें से माँ तो चली गयीं। और पिताजी... उसका मन गहन विषाद से भर गया... अब मुझे जैसे भी हो दो बेडरूम वाला फ्लैट खरीद लेना चाहिए।

यह निर्णय निर्णय ही रहा। जीवन में कब क्या हो जाए, किसे पता है। खर्च आते रहे, उसे खर्च करने ही पड़ते।

समय पंख लगाकर उड़ गया। बच्चे बड़े हो गये। लड़की एन्नी उर्फ अमुदम् अपनी मरजी से शादी कर स्विट्जरलैंड चली गयी थी और लड़के सोमसुन्दरम् और राजन दोनों आस्ट्रेलिया की किसी कम्पनी में लग गये। उन्होंने साफ शब्दों में कह दिया था—पापा-मम्मी हम अलग घर में रहेंगे और शादी अपनी मरजी से करेंगे। जब करेंगे तब आपको बता देंगे। एक दिन दोनों अपना बोरिया-बिस्तर उठा चले गये थे।

मंगलम् ने सांभर में छौंक लगाते हुए कहा—मेरा टिकट कटवा दो मैं अब फलैट लेकर ही दम लूँगी। अब तो हम बैंक से लोन ले सकते हैं। भास्करन को फ्लैट खरीदने की चाह सुनकर खुशी हुई। उसने सीधे पूछा।—कब का करवा दूँ? अगले महीने किसी भी दिन। पिताजी भी बीमार रहते हैं। माँ भी चाहती हैं कि मैं उनके पास जाऊँ। रहूँगी ससुर जी के पास दोपहर बाबूजी के पास चली जाएा करूँगी। तुम भी चलते तो अच्छा होता।

मंगलम् के आने पर तथा उसके मुँह से फ्लैट की बात सुनकर ससुर वेंकटकृष्णनन् के मन में दबी इच्छा जगी। दोनों रोज फ्लैट देखने जाते। एक फ्लैट पसन्द आ गया क्योंकि वह हवादार और अच्छी जगह पर था, लेकिन दाम सुनकर मंगलम् के पैरों तले की जमीन खिसक गयी।

ससुर जी को हार्ट अटैक ऐसा हुआ कि आयीसीयू में भरती करवाना पड़ा। पैसा पानी की तरह बहने लगा। पिता के हार्ट अटैक की खबर सुन भास्करन भी आ गया।

रात को अस्पताल में खड़े अपने बूढ़े सास-ससुर को घर भेज वह अस्पताल

के उस हिस्से में आ गया जहाँ आईसीयू था। उसमें ध्यान दिया कि बरामदे के ज्यादातर हिस्सों में हलकी रोशनी थी। डॉक्टर के केबिन से ट्यूबलाइट का प्रकाश झर रहा है, वह अँधेरे और उजाले की फाँक में कुरसी डालकर बैठ गया। शून्य में बैठा सोचने लगा जीवन क्या है...?

रात में लगभग दो बजे थे। एकाएक हलचल होने लगी। वार्ड में किसी मरीज की मौत से दूसरे मरीजों पर कितना असर होता है, इसे देख भास्करन असमंजस में पड़ गया। उनकी बातों में एक ही प्रसंग था वह औरत इतनी बुरी तरह जली कैसे और क्यों मरी...?

सब अपने-अपने तरीके दुर्घटनाओं की सूची बनाते। उनके कारणों का विश्लेषण करते रहे। एक ने कहा, जरूर दहेज समस्या का केस है। इस पर दूसरे ने बात काटते हुए कहा,—उसका आदमी दूसरी औरत के साथ लगा था। उसने पति को बहुत समझाया पर अन्त में कैरासिन डालकर जल मरी। तीसरे ने कहा,—मैंने तो सुना है उसे विदेश में रहना पसन्द नहीं था लेकिन पति को विदेश में रहना पसन्द था उसने जान-बूझकर मौत को गले लगा लिया है।

भास्करन का माथा ठनका, कहीं इसलिए तो नहीं ऑफ़िस के कर्मचारी वेंकटरमन्ना की पत्नी भारत आयी और बुरी तरह जल गयी थी। उसके बाद वह अकेला ही रहता है। पत्नी सेलम में रहती है। रात इसी तरह गुजर गयी। रात को नर्स ने बताया कि पापा की हालत सुधर गयी है।

सुबह आठ बजे पापा ने आँखें खोलीं। पापा के गले लगा तो रोना फूट पड़ा। पापा सहलाते रहे। उनके आँसू भी झरने लगे। बहुत देर तक पिता के कन्धे पर सिर रख मन हलका करता रहा। पिता पुत्र का मिलन शायद समय की माँग थी।

पापा को घर आये चार दिन हो चुके थे। 'पहले से काफी कमजोर हो चुके थे। पापा ने बात शुरू की।' दस-बारह फ्लैट देख चुके हैं। एक अच्छा लगा है। किस्तों में रकम अदा कर सकते हैं। एकमुश्त एक करोड़ देना होगा फिर पन्द्रह लाख हर माह। इस तरह दो करोड़ और देना होगा। यानी कुल तीन करोड़।"

'पापा, आज इन फ्लैटों के दाम इतने बढ़ गये हैं यदि आप पहले ले लेते तो इतना पैसा नहीं लगता।'

'बेटा तुम ठीक कहते हो, लेकिन सोचो, घर में रहने वाले लोगों के लिए निर्वाह के लिए खाना-पीना, ओढ़ना-बिछाना ज्यादा जरूरी होता है कि नहीं...? बड़ा घर हो किन्तु घर वालों की जरूरतें पूरी न हो तो उसका क्या प्रयोजन? अब मैं अकेला हूँ और घर खाली लगता है। मैंने भी बहुत कोशिश की थी कि बड़ा फ्लैट ले लूँ, किन्तु मेरे सामने तुम्हारी पढ़ाई, तुम्हारी छोटी बहन की पढ़ाई और

उसकी शादी, तुम्हारे छोटे भाई की पढ़ाई, घर की छोटी-छोटी जरूरतें, घर में आया-गया, बीमारी, शादीब्याह आदी सबके बारे में सोचना था।

पापा की बात आज समझ में आ रही थी। आज मैं भी इन्हीं से जूझ रहा हूँ। कहाँ ले पाया फ्लैट। मंगलम् के बाल सफेद हो गये हैं और मेरे झड़ गये हैं। भास्करन कशमकश में पड़ा था। पिता के बराबर भी उसमें सामर्थ्य नहीं है। मैंने न बेटी की शादी की है, न बेटों की शादी का भार उठाया फिर भी अपने लिए डबल बेडरूम का फ्लैट न ले सका।

पिता की सेहत सँभल गयी थी। वे वापस कनाडा आ गये। किन्तु मंगलम् के मन में अपने बुढ़ापे को लेकर डर बैठ गया। वह समय के साथ आक्रोश का रूप लेने लगा। कनाडा लौटने से चार दिन पहले तूफानी वर्षा ने मंगलम् को हिलाकर रख दिया था। चारों तरफ की खिड़कियाँ-दरवाजे बन्द होने पर भी मेघों की कर्णभेदी गड़गड़ाहट देह को कँपा रही थी। छत की सीढ़ियों से इतना पानी आ गया था कि मंगलम् के दिलोदिमाग पर एक अज्ञात खौफ छा गया।

अब फ्लैट लेना ही होगा वरना बुढ़ापे में दुर्गति हो जाएगी। उसने बैंक खाते में सत्तर लाख ही पाये। चाहिए थे तीन करोड़। पूरे महीने एक अजीब-सा खौफ बना रहा। उसके मन में विचार आया कि अगर छत का बन्दोबस्त करना है तो मुझे ही कुछ करना होगा। यह भास्करन के बस की बात नहीं है। यह विचार आते ही उसने ससुरजी को फोन किया और पूछा,—पापा आपका फ्लैट कितने में बिक जाएगा?

'यही कोई 60-65 लाख में' पर यह तुम क्यों पूछ रही हो?'

'मैं चाहती हूँ कि फ्लैट की डाउन पेमेंट कर दूँ। हमारे पास सत्तर लाख हैं और आपका फ्लैट साठ लाख में बिक गया तो आगे सोचा जा सकता है।'

रात को भास्करन की पापा से बातचीत हुई तो पापा ने भावुक होते हुए पुत्र से कहा, 'बेटे, अब मेरे जाने के बाद ही यह घर बेचना और नया ले लेना। तुझे बहू से कहलवाने की क्या जरूरत थी। यह बात तू स्वयं भी अपने पापा के साथ कर सकता था।'

पापा की बात सुनकर भास्करन अधीर हो उठा, 'कौन-सी बात, पापा...?

'यही फ्लैट बेचने की बेटा, तुम सब इसी में पैदा हुए हो पढ़े, खेले, तुम्हारी माँ भी यहीं गुजरीं। अब इस बुढ़ापे में कहाँ जाऊँगा। मैं अब और कितने साल जिऊँगा। फिर तुम बच्चों का...'

उनका गला भर गया था। शायद उनको मन में गहरी ठेस लगी थी। भास्करन कुछ समझ पाता और कुछ कह पाता उन्होंने फोन बन्द कर दिया।

मंगलम् तैयार बैठी थी। क्या हुआ, यदि मैंने पूछ लिया। हमने अपना पैसा घर पर ही खर्चा है। मंगलम् के मन में आक्रोश है। मैं जिस फ्लैट में रहूँगी, वह बेढ़ंगा ही नहीं बहुत छोटा भी है। कोई पल भर के लिए एकान्त चाहे तो नामुमकिन है। ऐसे में मैं क्यों न माँग करूँ।

भास्करन ने सिर पीट लिया। उसका दिल बैठने लगा। उसे घुटन होने लगी।

मंगलम् एक हीनग्रंथि की भावना से घिर गयी। अभी नववर्ष को पूरे दो महीने थे। और यह वर्ष भी यों ही निकलता-सा प्रतीत हुआ। हर साल एक नयी उम्मीद लेकर आता और चला जाता। इस वर्ष भी ऐसा ही होगा। मंगलम् मन-ही-मन प्रभु से मिन्नत करने लगी। एक सप्ताह घनी निराशा अवसाद में कैसे बीते, वही जानती है। उसी को लेकर आज वह बिफर गयी थी। उसे चैन कहाँ?

अचानक एक दिन ससुरजी का फोन आया, बेटा भास्करन, मैं किसी पर्यटक टूर के साथ तीन माह के लिए जा रहा हूँ। कनाडा भी आ रहा हूँ। तुम्हारे साथ एक दिन रहूँगा और टीम के साथ आगे चला जाऊँगा।'

पिता को लेने भास्करन पहुँच गया था। तमाम औपचारिकता पूर्ण होने के बाद जब वे घर आये बहुत खुश थे। मंगलम् ने भी कोई कसर नहीं छोड़ी।

दूसरे दिन एयरपोर्ट पर पापा ने एक साड़ी का पैकेट बन्दते हुए कहा, 'इसे सँभालकर रख लो। मंगलम् के लिए कुछ खास है।

भास्करन ने पैकेट लेकर अपने ब्रीफकेस में रख लिया और पिता को विदा कर घर लौट आया। बार-बार उसे अपने पर खीज आयी कि क्यों नहीं वह घर की बात कर सका। मंगलम् इसीलिए तो साथ नहीं आयी थी कि कुछ चर्चा कर सकूँ। मन मसोस कर घर आ गया। घर आते-आते काफी रात हो गयी थी।

खाने के बाद दोनों में फ्लैट को लेकर चर्चा होती रही। दो दिन तक पैकेट वैसे ही पड़ा रहा। तीसरे दिन चिढ़ते हुए मंगलम् ने पैकेट खोला तो आँखें फटी की फटी रह गयी। वह साड़ी का पैकेट नहीं था। उसमें फ्लैट के पेपर थे जो उन्होंने मंगलम् के नाम कर दिए थे।

दोनों की खुशी का ठिकाना न रहा। उस पैकेट में एक चाबी और एक पर्चा था जिसमें मोटे-मोटे अक्षरों में लिखा था, तुम दोनों को नववर्ष का उपहार।

भास्करन ने वहीं से आपरेट करना शुरू कर दिया। पापा टूर खत्म कर भारत पहुँचे इससे पहले वह नया फ्लैट खरीदना और पुराना बेचना चाहता था।

उसने हर तरह से मुस्तैदी दिखाई। फ्लैट उसी बिल्डर को अस्सी लाख में बेच दिया। घर का सामान भी बिकवा दिया था।

बिल्डर की सहायता से नया बैड, नया टी.वी. लगवा दिया था।

जिस दिन ससुर भारत आये तो मंगलम् के माता-पिता एयरपोर्ट उनको लेने पहुँच गये थे।

वे उन्हें नये फ्लैट में ले गये। बिल्डर ने उनका स्वागत किया और दरवाजा खोला, वहाँ सामने की दीवार पर लिखा था...पापा, आपको नया घर आपके सपनों का घर मुबारक हो।

उनकी आँखों से झर-झर अश्रु बहने लगे...। उनके रून्धे कंठ से बस इतना ही निकला—'यह तो नववर्ष का अनुपम उपहार है...'

भेड़िये

राजलक्ष्मी का कलेजा मौसेरे भाई की हालत देख-देख बैठा जा रहा था। एकाएक क्या से क्या हो गया। पता नहीं कुदरत को क्या मंजूर है। वे दफ्तर से घर आते तो जैसे उनके बदन में जान ही न होती। पैर कमजोर पड़ चुके होते मानो एक बोतल चढ़ाकर आये हों। मायूसी चेहरे पर सदा बनी रहती। आँखें बुझी हुईं पलकें भारी। चेहरे का गौर वर्ण स्याह पड़ जाता। सीधे आकर पलँग पर पड़ जाते और बिना कुछ कहे निढाल पड़े रहते।

राजलक्ष्मी चाय लाकर देती तो उस कप को देखते रहते फिर काँपते हाथों से पकड़ लेते। उनकी दशा देख डर लगता कहीं गर्मा-गर्म चाय उन पर गिर न जाए। कोई बात करो तो सुनते ही नहीं। उनके मुँह से केवल निकलता...भेडिये... दरिंदे। वहशी...कुत्ते...जबान लड़खड़ाने लगती।

हादसे से अब तक कोई भी उभर नहीं पाया था, किन्तु सबने किसी तरह कलेजे पर पत्थर रख लिया था। भाभी तो सदमा बर्दाश्त ही नहीं कर पायी उसी सप्ताह हार्ट अटैक में चल बसी। मौसेरें भाई को टूटते-उखड़ते देखा तो सहसा उसे लगा कि यदि उनको कुछ हो गया तो उनके दो बेटों का क्या होगा। उसके अपने बच्चे विदेश में पढ़ रहे थे। पति बिजनेस के सिलसिले में बीस-बीस दिन बाहर रहते अतः पति के सलाह पर वह कुछ महीनों के लिए भाई के घर ही आ गयी।

चाय खत्म कर कप नीचे रखा तो राजलक्ष्मी ने उनके पास पीढ़े पर बैठते हुए पूछा—'क्या सिरदर्द हो रहा है...?'

अजीब-सी खाली-खाली नजरों से बहन के चेहरे को ताकते रहे। जैसे पहचानने की कोशिश कर रहे हों।

'हाँ, बहुत दर्द हो रहा है।'

'दवा लाऊँ... डॉक्टर के पास चलते हैं...' वह फिर चुप हो गये।

राजलक्ष्मी को अन्य दिनों से आज कुछ ज्यादा हालत बिगड़ती प्रतीत हुई। उसने अपने फैमिली डॉक्टर को फोन कर बुला लिया।

डॉक्टर के आने तक वह उसके पास ही बैठी रही।

'दफ्तर में बहुत ज्यादा काम था।' राज धीरे-धीरे उनका मन हलका करने का प्रयास करने लगी।

'राज तुम्हें नहीं लगता कि अब जीना बिल्कुल व्यर्थ है। किसलिए जिऊँ... क्यों जिऊँ... क्या अर्थ रह गया है जीवन का...'

क्यों... 'भीतर से उठते हुए आवेग को किसी तरह राज ने दबाया।

'हमारे साथ बहुत बुरा हो चुका है इससे बुरा और क्या हो सकता है... फिर इस हादसे के बाद मुझे पता नहीं मैं कैसे जी रहा हूँ... तेरी भाभी तो चली गयी...कहती रहती थी... क्या फायदा स्कूल प्रिंसिपल बनकर... जब देखो अभिभावक कठघरे में खड़ा रखते हैं...'

'इसमें तुम्हारा क्या दोष...हमारी धार्मिक आस्थाएँ और शिक्षा अनाचार से प्रभावित है। मानव मूल्य और नैतिकताएँ सब लुप्त हो चुकी हैं। आज सब कुछ खरीदा-बेचा जा सकता है इस विश्व बाजार में, हमारी जरूरत का हर माल मौजूद है किन्तु अनुपलब्ध है सत्-प्रेरणा, और शिव-संकल्प के ठोस-दृढ़-संस्कारों से निर्मित संस्कृति से सभ्य मनुष्य और इसका कारण है सहनशक्ति, धैर्य, सन्तोष का अभाव।'

'इस दुनिया में सबके साथ कुछ-न-कुछ घटित होता है। इसका अर्थ है सबको अपना जीवन छोड़ देना चाहिए। यह तो कायरता हुई।'

'मैंने ऐसा क्या किया था जो कुदरत ने मेरे पूरे परिवार का जीवन नष्ट कर दिया। यही सोच-सोचकर मैं व्याकुल हो रहा हूँ।'

'माता-पिता स्कूल बस में बच्चों को न भेजकर पब्लिक बसों में आने के लिए कहते हैं तो वे ही दोषी हैं।' राज ने सान्त्वना के स्वर में कहा।

'वे अपनी जगह सही हैं स्कूल बस कुछ एरिया में नहीं जाती है।'

'तो भी उन्होंने क्यों नहीं समझाया अपने बच्चों को कि किसी से लिफ्ट नहीं लेनी चाहिए। बच्चे तो बच्चे ठहरे पर उनको क्या कहें जो लिफ्ट देने के लिए पहल करते हैं और उन मासूमों का बलात्कार कर लेते हैं।' आक्रोश से चेहरा तमतमाने लगा। छोटी-छोटी बच्चियों के साथ बलात्कार...तीन साल, पाँच साल और सात साल की...निरीह...उनका शरीर काँपने लगा...वह दहाड़ मारकर रोने लगे। घर की दीवारें काँप उठीं।

राजलक्ष्मी ने देखा जब एक प्रिंसिपल जिसका कोई दोष नहीं उसका यह हाल है तो जिनकी तीन बच्चियों के साथ बलात्कार हुआ है उनका क्या हाल होगा...

इन फिल्मों ने बेड़ा गर्क कर रखा है। मनुष्य जैसा चित्र देखता है वैसा उसका चरित्र बन जाता है।

‘हमारे बड़े-बुजुर्गों ने सही कहा हैकृजैसा खाओ अन्न वैसा हो जाए मन...।’

डॉक्टर ने पूरा चैकअप किया और वही रिपोर्ट दी जो पहले दी थी...शारीरिक कोई बीमारी नहीं है।

उनकी सारी इच्छाएँ भविष्य की कल्पनाएँ जो अपनी प्रिय पत्नी पाखी के साथ सँजोए थे सब कुदरत ने छीन ली थीं। अब जिन्दगी भार लगने लगी है. किस मुँह से स्कूल के अहाते में जाकर काम करे। जबरदस्त निराशा उनके अन्दर घर कर गयी है। जीवन जीने की इच्छा ही मर गयी थी।

पहले बड़ी लगन से काम करते थे। शहर में उनके अनुशासन-प्रशासन के चर्चे हुआ करते थे। आज सारा काम उनके अन्य सहयोगी करते हैं उनकी गलती तक को वे सुधारते हैं।

आधी रात को कई बार जोर-जोर से गालियों का शोर होने लगता है या सुबह-सुबह घर से निकल किसी पार्क में चले जाते हैं।

सप्ताह-दर-सप्ताह बीतने लगे। सब सतर्क थे । नियम बना दिया गया था कि जो भी छात्र स्कूल बस को छोड़ किसी अन्य वाहन से जाए तो गेट मैन के रजिस्टर्ड में पूरा विवरण लिखवा कर जाए।

हादसे को साल होने को आया कि वैसा ही दूसरा हादसा हो गया। छुट्टी के बाद जिस ऑटो में पाँच लड़कियाँ गयी थीं वे घर नहीं पहुँचीं। शहर में हाहाकार मच गया। पाँचों सातवीं कक्षा की थीं। स्कूल के वार्षिक उत्सव की तैयारियाँ चल रही थीं। दोपहर का समय था पाँचों एक ही ऑटो में बैठ घर जा रही थीं कि लापता कर दी गयीं। बच्चियों के माता-पिता ने पुलिस में रिपोर्ट लिखवा दी थी। स्कूल प्रिंसिपल के घर अनशन कर बैठे थे। आस-पास के लोगों का जमावड़ा लग गया पुलिस को कार्यवाही करनी पड़ी। भीड़ से कुछ आवाजें आ रही थीं—अरे, कहीं प्रिंसिपल तो मिला हुआ नहीं? किसी की हिम्मत स्कूल के गेट से अगवा कर सके...?

इतना सुनना था कि वह आपा खो बैठा। क्या मैं ऐसा लगता हूँ अगर ऐसा लगता हूँ तो मुझे मर जाना चाहिए कहते हुए घर से तीर की तरह निकल बीच सड़क में लेट गया। पुलिसकर्मियों ने पकड़ा। पर वे चिल्लाते रहे...मारो उन भेड़ियों को...मारो...कहते-कहते उन्हें दिल का दौरा ऐसा पड़ा कि दुबारा उठ न सके...?

सहमते डॉलर वर

अंकिता विवाह योग्य हो चुकी थी। माता-पिता उसके लिए कितने लड़के देख चुके थे परन्तु उसे कोई पसन्द नहीं आता। कभी दहेज की ऊँची माँग तो कहीं लड़के के घर में बढ़ती जिम्मेदारियाँ देख न हो जाती। समय पंख लगाकर उड़ता रहा। देखते-देखते अंकिता तीस की हो गयी।

एक दिन वह अपनी सहेलियों के संग कॉफी हाउस गयी। वहाँ बातों ही बातों में उसे पता चला कि आजकल विदेशी दूल्हों की तलाश की जाती है। अभी तक इस ओर उसका ध्यान ही नहीं गया था क्योंकि उसके परिवार से किसी को विदेश जाने का अवसर नहीं मिला था। सब भारत में ही रहना पसन्द करते थे। वह भी अपने ही शहर में...किसी अन्य शहर में नहीं।

घर लौटते हुए उसका मन-मस्तिष्क विदेशी पर आ गया। उसने अपने माता-पिता को अपनी मन की बात बताई तो पहले तो वे नकारात्मक भाव दिखाते रहे किन्तु फिर कई तर्क-वितर्क के बाद सकारात्मक हो गये। अब क्या था बड़े जोर-शोर से इंटरनेट पर बायोडाटा डाल दिया गया। खोजबीन होने लगी।

रात-दिन की तलाश रंग लायी। रौचेस्टर में काम कर रहे एक सजातीय युवक विहान की अंकिता से विवाह की बात पक्की हो गयी। विहान पहले तो भारतीय कन्या से विवाह करना ही नहीं चाहता था क्योंकि उसने पूरी तरह से अंगरेजियत ओढ़ ली थी। परन्तु माता-पिता तथा परिजनों की सन्तुष्टि के लिए भारत आकर सात फेरे ले लिए थे।

विदेश जाते ही उसने नयी संस्कृति का ग्लैमर देख उसकी चकाचौंध में अपने को डुबो दिया था। मदिरापान और परस्त्री प्रेम आम हो गया था।

शादी से पहले उसने अंकिता को एक पत्र लिखा और अपने नजरिए को बता दिया था। 'अंकिता मैं शादी से पहले यह साफ बता देना चाहता हूँ कि मेरे सामाजिक तथा पारिवारिक मापदंड अब विदेशी हैं। मैं भारतीय मूल्यों का पालन करना बेकार समझता हूँ। अगर तुम मुझे विदेशी रंग में स्वीकार कर सकोगी तभी विवाह के लिए हाँ करना।'

पत्र पढ़कर वह गम्भीर होने के बजाए प्रसन्न हो गयी और झट ई-मेल भेज दिया कि मुझे तुम्हारी हर शर्त मंजूर है।

विवाह साधारण तरीके से निपट गया। माता-पिता को अपने बनाये बजट का एक चौथाई ही खर्चना पड़ा। इस पर सब बेहद खुश हुए और भूरि-भूरि प्रशंसा करने लगे।

अंकिता नयी जीवन-शैली से बेहद खुश थी। विहान भी अंकिता की खूबसूरत अदाओं से प्रभावित था। अंकिता ने विहान पर कोई बन्धन नहीं लगाया बस जितनी जल्दी हो सके सब सीख लिया, बैंक से लेकर घर के सारे काम वह स्वयं कर सकती थी। विहान भी उसका बहुत सम्मान करता था। मित्रों में अंकिता को लेकर उसकी खूबसूरती को लेकर खूब चर्चा होती। जिसे सुन विहान को प्रसन्नता होती।

एक दिन विहान के बॉस का जन्मदिन था। सबको निमंत्रण दिया गया था। उसमें सब कुछ-न-कुछ गा-बजा रहे थे। जब बॉस ने अंकिता को कुछ हुनर दिखाने को कहा तो उसने फ्रेंच गीत अपनी सुरीली आवाज में गाया जिसे सुन सब बहुत प्रसन्न हो उठे। विहान को अंकिता के इस गुण का पता न था। वह हैरान था। उसी समय बॉस ने एक और गाने की फरमाइश कर दी। अंकिता ने उसे भी बखूबी पूरा किया। इससे सबका ध्यान अंकिता की ओर हो गया। अब हर पार्टी में अंकिता को स्पेशल बुलाया जाता।

जहाँ भोली-भाली अंकिता प्रसन्न थी अपनी शादी को लेकर वहीं विहान द्वन्द्व में था क्योंकि अंकिता उसकी आशा के विपरीत बहुत तेज, गुणवान तथा योग्य थी। उसे लगा कि कहीं ऐसा न हो कि मेरी भोली-भाली भारतीय पत्नी को कोई बुद्धू बनाकर मुझसे हथिया ले। वह सोचता था कि भारतीय लड़की घर खूब सँभालती है। वह मेरा घर सँभालेगी और मैं आराम से जीवन जीऊँगा। बॉस ने अंकिता के रूप, गुण और उसकी अंग्रेजी-हिन्दी फ्रेंच का ज्ञान देखकर उसे कम्पनी में पी.आर.ओ. का पद दे दिया। तनख्वाह भी मोटी दी। बाहर के नजारों को देखकर विहान सारी अंग्रेजी यानी विदेशी जीवन-शैली भूल गया। उसने अपनी सारी आदतों को छोड़ दिया जिन्हें अपनाकर इठला रहा था। पूरी ईमानदारी के साथ अपना वैवाहिक जीवन जीने लगा।

अनछुई

शादी-ब्याह कोई भी करवाये पर निभाना तो पति-पत्नी को ही पड़ता है। विवाह न केवल दो परिवारों का मेल है बल्कि उनकी जीवन दिशा में महत्त्वपूर्ण परिवर्तन का मुख्य कारक है। सुखी दम्पतियों का जीवन उन जोड़ों से बिल्कुल अलग होता है जो दाम्पत्य का सुख नहीं भोग पाते। शादी को एक साल होने को आया किन्तु अभी तक सुखी दाम्पत्य के कोई आसार न देख कृति व्याकुल हो उठी। कृति के पति मि. शाह एक वकील थे। अपनी मित्र मंडली में घंटों बैठ डींगें हाँकते पर वैवाहिक जीवन पर पानी फिर गया था।

एक दिन झुंझुलाते हुए कृति ने कह दिया—

'ऐसा झूठ भी किस काम का जिसे बोलकर बोलने वाला मुँह छिपाता हुआ मित्र मंडलियों में पड़ा रहे और सुनने वाला शून्य में आस लगाये ताउम्र बिता दे इससे तो अच्छा है आदमी जुबान बन्द रखे।'

'कैसी बातें करती हो, जानते-बूझते अगर आदमी चुप रहे तो "जीवन एक पहेली है" वाली कहावत कैसे सिद्ध होगी?' एक मित्र ने हँसते हुए कहा।

'वकीलों का पेशा, भई मुझे तो समझ नहीं आया।' कृति ने गम्भीर होते हुए कहा।

'हमारे पेशे में तो दिन-रात झूठ ही चलता है। वकालत में मेरा आठ साल का अनुभव है। इन आठ सालों में कितना झूठ बोल चुका हूँ मैं नहीं जानता। मेरी तो रोजी-रोटी ही है झूठ बोलना, मेरी सक्षमता है। मेरी सच्ची जवाबदेही तो मेरे मुवक्किल के साथ है। उसने मेरी सेवाएँ खरीदी हैं। वकीलों को तो अपनी फीस से मतलब होता है वह चाहे काला चोर दे या शरीफ आदमी, कृति कुछ और कहे इससे पहले शाह ने हाथ हिलाकर चुप करा दिया।

घर आकर कृति ने पूछा, 'आप मुझे बोलने क्यों नहीं देते. सफल जीवन चाहते हैं तो जीवन में आवेगपूर्ण स्पर्श करना भी होता है। आप ऐसे बात बदल देते हैं मानो कतरा रहे हों। न कभी मीठे बोल निकलते हैं और न ही रोमांटिक व्यवहार... लगता है आप डर-डर कर जीते हैं।'

'तुमसे किसने कहा मैं डरकर रहता हूँ। मेरा पेशा अपने मुवक्किल को बड़ी

सफाई से बचाकर पार करना।'

कृति अवाक् हो पति का चेहरा देखने लगी। मानो कोई अजूबा देखा हो जिसे किसी लैब में रखा जाना चाहिए।

'सच कह रहे हैं आप। आपने अपने पेशे का मोहरा मुझे भी बना दिया है। मैं कहीं की नहीं रही। कैसे क्या कहूँ?'

'शादी से पहले तुम्हें पूरा पता था कि मैं वकील हूँ। अपने हक के लिए किसी को नहीं छोड़ूँगा और झूठ मेरा साफ पेशा है।'

'मुझे आपसे कहीं नफरत न होने लगे, मैं इस पर कोई बहस नहीं करूँगी।'

दस दिन हो चुके थे पर शाह ने पत्नी से कोई बात नहीं की। कलह उसका सुरक्षा कवच बन गया था। वह करे तो क्या करे... बड़े असमंजस की बात थी। दिन-रात यही तो सोचता रहता कि इतनी अच्छी सुन्दर कमसिन कन्या जीवन साथी मिली भी तो मैं ही उसके लायक नहीं...।

एक अथाह पीड़ा से वह तिलमिला उठा। अगर उसे पता होता तो क्या वह विवाह करता...? कृति का जीवन बर्बाद करता? किसी तरह एक साल तो यह निकाल लिया है कि बच्चा पैदा करने की इतनी जल्दी क्या है... परिवार नियोजन भी जरूरी है... कभी यह कहकर टाल देता हूँ कि कोर्ट में बहुत काम है... बेचारी घर के सारे सदस्यों की कितनी देखभाल करती है और मैं उसे कैसे संभ्रम की स्थिति में रख रहा हूँ... उसकी आँखों से दो आँसू बह निकले. सामने पेड़ पर दो गिलहरियाँ दौड़ लगा रही थीं। कभी पीछे वाली आगे आती तो कभी आगे वाली उसके ऊपर से निकल उसे मजा चखाती। दोनों के मोहक खेल देख मि. शाह के सीने पर साँप लोटने लगे। उसका दिल किसी काम पर नहीं लग रहा था। उसके पास पन्द्रह ऐसे केस आये हुए थे जो तलाक के थे और सबके सब कुछ न कहकर भी यही कह रहे थे, जिनको वह ऊँची आवाज में कहता था... 'ऐसे लोगों को शादी करने की क्या जरूरत होती है। अपना तो जीवन बर्बाद हो गया था तो बेचारी लड़की का जीवन क्यों बर्बाद कर दिया। चल पड़ते हैं घोड़ी पर होकर सवार...' पर आज जब उसके साथ भी वही हुआ तो, उसको उनके दर्द का एहसास हो रहा था जो इस दौर से गुजर रहे थे।

कृति को मायके भेजकर उसने राहत की साँस ली, अब वह अपने काम पर नहीं अपने जीवन की नाजुक डोर को सँभालने में लग गया। वह किसी भी कीमत पर कृति को अपनी कमजोरी बताना नहीं चाहता था और न ही उससे तलाक चाहता था। उसका ध्यान कृति की तस्वीर पर गया। कितनी प्यारी लग रही थी। वह देखता ही रहा।

डॉक्टर ने जाँच कर उसे आश्वासन दिया।

डॉक्टर, कब तक ऊर्जावान हो जाऊँगा... और...??

कृति रोज फोन करती और पूछती कि कब आ जाऊँ...?

वह उसे सफेद झूठ बोलता कि आज यहाँ जाना है तो आज वहाँ...

दो माह बीत गये। वह खुद उसके मायके बहाने से पहुँच गया। जिससे किसी तरह का शक न हो सके।

पति को सामने पाकर कृति और उसके घर वाले फूले न समाए। घर आए दामाद की खूब आवभगत की गयी। दो दिन रह कर वह चला गया। जाते वक्त उसने कहा—'कृति डार्लिंग, मैं एक माह के लिए लन्दन जा रहा हूँ। उसके बाद मैं खुद आकर तुम्हें ले जाऊँगा...।'

लन्दन के डॉक्टरों को उसने अपनी पूरी रिपोर्ट भेज दी थी। इस तरह के इलाज में कम-से-कम छह माह लग जाते हैं और सफलता हो भी सकती है और नहीं भी, चांस की बात है। इलाज से फायदा हो भी सकता है और नहीं भी , यह जान मि. शाह के मन में आशा की किरण फूटी।

लन्दन में जाकर मि. शाह पन्द्रह दिन और-और करते पूरे छह माह के बाद निराश ही रहे। वे भारत लौट तो आए थे किन्तु कृति को तलाक देने के लिए तलाक मि. शाह की ओर से था। जिसमें उन्होंने एक बिन्दु यह भी लिखा था कि वह अभी तक अनछुई है। मैं लन्दन में किसी और के साथ दिल लगा बैठा हूँ। उसी के साथ जीवन यापन करने का इरादा है। कृति अपना विवाह जिस किसी से चाहे कर ले...वह अनछुई कन्या है...।

खूनी अंकुर

गैंगरेप की खबर ने सारे देश में दहशत फैला दी। हर शहर के हर व्यक्ति की रूह काँप उठी। हर संस्था ने न्याय की गुहार लगाने में कोई कोर कसर नहीं छोड़ी। सबकी एक ही माँग थी कि इस घिनौने काम करने वालों को फाँसी की सजा दी जाए। मृत्युदंड ही इंसाफ होना चाहिए।

उन्हें सिर्फ फाँसी देकर मारने की अपेक्षा तिल-तिल कर मारने की योजना पर भी विचार किया जाने लगा। अन्त में सजा के नाम पर उन्हें नामर्द बनाकर बेबस कर दिया जाए इस पर भी कानून की ओर से विचार होने लगे। इस विषय पर विचार करते-करते अन्त में उन्हें गुमनाम जीवन जीने के लिए दो साल बाद छोड़ दिया जाए... इस निर्णय से पहले ही वे भाग निकले...।

तीन डिग्री ठंड से काँपती उँगलियों से हेमन्त की माँ ने गैस जलाई और दाल-चावल चढ़ा दिया। कितना भी बड़ा हादसा क्यों न हो जिन्दा रहने के लिए खाना तो खाना है। आग की लपटों पर उसकी आँखें टिक गयीं। मायूस-सी अपने कोरों को पोंछती खड़ी रही। आँसुओं के चलते कुछ साफ नहीं दिख रहा था। अन्दर पति गुमसुम पड़े थे। रह-रह कर उनकी बिलखती हुई आवाज निकलती कुत्ता...हरामी...ऐसा करने से पहले एक बार नहीं सोचा...अन्दर से लगातार आवाजें आने लगीं...हाय...हाय...ऐसा निकला...मैंने अपने बेटे से कितनी उम्मीदें लगाई थीं। उसे जीवन में वह सब देना चाहता था, जो उसे कभी सपने में भी नहीं मिला... हमारी मेहनत...संस्कार...! हेमन्त की माँ ने अपने बेटे के लिए उसकी पढ़ाई के लिए रात-रात जागकर उसका ख़याल रखा...हम तो जिन्दा ही मर गये... एक बेबसी की कराह निकली। इसी तरह चारों लड़कों के परिवार तड़प रहे थे। समाज उन पर लानत-मलानत बरसा रहा था। लोग किस तरह और क्या-क्या कह रहे थे...

उनके बेटे को कितनी गन्दी-गन्दी गालियाँ और बदुआयें दे रहे थे... ऐसे घटिया माँ-बाप को तो मर जाना चाहिए...उनकी लड़की नहीं है न... दर्द क्या जाने...हेमन्त की माँ और पिता का मन-मस्तिष्क फटने लगा।

'अब हम किस मुँह से समाज में रहेंगे...काम ही ऐसा कमीना किया है... कमीना...हरामजादा कहीं का नहीं छोड़ा हमें...' बाहर से पत्थर आकर खिड़की पर लगा। मन एक घिनौने खौफ से भर गया।

हरामी...कुत्ता... 'आजतक' चैनल की खबरों वाला दृश्य आँखों के आगे घूम गया।

क्रोध में मनुष्य अपने मन की नहीं कहता। वह केवल वही कहता है जिससे उसके मन का दर्द लोग समझ सकें। पड़ोसन दौड़ती हुई अन्दर आ गयी।

'...क्या जल रहा है... घर में यह धुआँ ही धुआँ...मैं कब से पुकार रही थी कि कुछ जल रहा है...'

'दिल जल रहा है।' उसने कटुता से कहा।

दाल-चावल चढ़ा दिया गया था पर पानी ही नहीं डाला था।

'तुम अपने को सँभालो। इसमें तुम्हारा क्या कसूर है।' पड़ोसन ने कहा।

'हमारा ही तो कसूर है...हम माँ-बाप जो ठहरे...मुझे मालूम होता तो मैं कोख में ही मार देती। इन चार दिनों में कितनी बदुआयें, अपशब्द सुन चुके हैं कि कान जल रहे हैं सब हमारे चरित्र पर भी कई तरह की फब्तियाँ कस रहे हैं... हमारा सारा जीवन कोल्हू के बैल की तरह लगा रहा। इसकी पढ़ाई पर इतना खर्चा किया...और बदले में...' वह फूट-फूटकर दहाड़ मार-मारकर रोने लगी। उसकी दहाड़ में दर्द का पारावार था। सारा वातावरण एक दहशत से भर गया। पास-पड़ोस के लोग जमा होने लगे।'

वे जेल की गाड़ी से चकमा देकर भाग निकलने में सफल हो गये थे। वे चारों कहीं जंगलों में चले गये थे। कॉलेज के छात्र थे और हर काम जानते थे। अब उन्हें अपने पर गुस्सा आने लगा। उनकी सोच बदले की भावना से भरने लगी।

'नहीं छोड़ेंगे.....एक-एक को ध्वंस कर देंगे...क्या समझा है...हमें नामर्द कर हमें जिन्दा मरने के लिए छोड़ देंगे...?' असहाय क्रोध से उनके चेहरे तमतमा उठे...

'तू देखना रवि, जिस दिन मुझे पता चला कि लोगों ने मेरे माता-पिता को तंग किया है तो देख मैं क्या-क्या करता हूँ...उनकी बहू-बेटियों को भरे बाजार में छोड़ूँगा नहीं...' हेमन्त की आँखों में खून उतर आया।

'एक तो हमसे गलती हुई ऊपर से हम और नीच काम करेंगे...नहीं... नहीं...ऐसी हरकत मैं सोच भी नहीं सकता...उनकी बहू-बेटियों का क्या दोष...' चन्दन ने शान्त करते हुए कहा।

'क्या करेगा तू...कुछ उल्टा-सीधा करके फिर जेल जाएगा...और अपने घर

वालों का जीना और हराम कर देगा...पता है...माँ किस तरह रो रही है...मेरी बहन ने चूहे मारने वाला जहर खा लिया है...पिताजी को बाजार में सरेआम पकड़कर इतना पीटा कि बेचारे अधमरे पड़े हैं...इस तरह कभी सोचा तूने...साले...तेरे कारण हमारी बुद्धि पर पत्थर पड़ गये थे...' रवि ने कहा।

'मुझे अब किसी से कुछ नहीं मतलब...मुझे अब बदला लेना है, बदला। मुझे बदला लेना है।' इतना कह हेमन्त वहाँ से उठकर दूर बहते पानी के पास चला गया।

चन्दन, हेमन्त, रवि और कदम्ब बचपन से ही दोस्त थे। एक साथ खेले-खाये-पढ़े थे। छुटपन से ही उनमें एकता थी। एक कहता तो सारे आगे बढ़कर एकजुट हो काम करते। काम चाहे कैसा भी हो वे अपने दोस्तों का कहा न टालते। चारों चिदम्बरम के पास 45 कि.मी. दूर गाँव में रहते थे। वहाँ के स्कूल में आठवीं पास कर आगे की पढ़ाई के लिए चिदम्बरम के स्कूल में दाखिल हो गये। स्कूल का हॉस्टल काफी अच्छा था। वे अपनी पढ़ाई में लगे रहते किन्तु प्लस टू तक आते-आते उन्हें फिल्में देखना, फैशन करना, बाहर खाना, लड़कियों पर फब्तियाँ कसना आदि में रुचि होने लगी। अपनी इन इच्छाओं को वे कभी कुछ काम कर अथवा छोटी-मोटी चोरी कर पूरा कर लेते। सबके माता-पिता अपने गाँव में सम्मानपूर्वक रह रहे थे। उनके बड़े-बड़े खेत-खलिहान थे और वे गन्ने की खेती करते थे। पैसे की कमी होने पर भी चारों खूब खर्चते थे।

फिल्मों के भावावेश के दृश्यों का प्रभाव उन पर होने लगा था। एक दिन चन्दन अपनी सहपाठिन अंबुमणि के पास गया और दोस्ती का हाथ बढ़ाया।

'...क्या तुम मुझसे दोस्ती करोगी...?'

वह झिझकी... 'नहीं, मुझे खूब पढ़ाई करनी है।'

कितनी पढ़ाई करनी है...?' चन्दन ने पूछा

'मैं कुछ बनना चाहती हूँ...'

चन्दन उसके साथ-साथ चलने लगा। उसको साथ चलता देख वह रुक गयी।

उसको रुका देख वह समझ गया। उसने कहा 'तुम जो समझ रही हो यह उस तरह की दोस्ती नहीं है। मेरा मतलब आवारागर्दी नहीं बल्कि मिलकर पढ़ाई करने की बात है।'

'मतलब...?' अंबु ने पूछा।

'मतलब, तुम बहुत होशियार हो अगर मैं और मेरे दोस्त तुम्हारे साथ दोस्ती कर लेंगे तो हमारे नम्बर भी अच्छे आने लगेंगे...' अंबुमणि ने उसके चेहरे पर आये भावों को पढ़ने की कोशिश की। उसके चेहरे पर कहीं भी पढ़ने की इच्छा का भाव

उसे दिखाई नहीं दिया। वह मन ही मन समझ गयी कि केवल लड़की से दोस्ती करने ही आया है...पढ़ाई-बढ़ाई तो बस बहाना है...

'मैंने कभी दोस्त नहीं बनाये हैं। और न ही मुझे पता है कि लड़कों से दोस्ती कैसे की जाती है।'

'...तो यह बात है। लड़कों से दोस्ती करने का यह फायदा होता है कि कई समस्याएँ लड़के चुटकी में सुलझा देते हैं... जहाँ जाने में लड़कियाँ डरती रहती हैं उन जगहों पर उनका काम लड़के कर देते हैं।'

चन्दन की बातें सुन अंबुमणि को लगा कि दोस्ती की जा सकती है। और वह थोड़े ही दोस्ती करने उसके पास गयी थी, उसने स्वयं बुलाया था।

अंबुमणि के साथ सबकी दोस्ती हुए सप्ताह हो चुका था। अंबु को भी अच्छा लगने लगा। उसने अपनी माँ को बताया। अंबु की माँ ने जब दोस्ती की बात सुनी तो उसने अपनी इकलौती पुत्री को समाज की ऊँच-नीच को समझाते हुए कहा कि इस उम्र में लड़कों पर भरोसा करना सही नहीं। अंबु को सतर्क रहने की हिदायत देते हुए कहा—'बेटी, दोस्ती करना बुरी बात नहीं है किन्तु अपनी मर्यादा की सीमा में रहकर...।'

समय उड़ता हुआ चला जा रहा था दोस्ती भी बढ़ती जा रही थी। प्लस टू हो चुकने के बाद अंबु कॉलेज करना चाहती थी। अंबु के माता-पिता नहीं चाहते थे लेकिन अंबु की जिद के सामने उन्हें झुकना पड़ा। अंबु कुम्हार की बेटी थी। उसके माता-पिता के पास इतना पैसा नहीं था अतः चारों लड़कों ने मिलकर अंबु की फीस भर दी। अंबु ने बी.कॉम. में प्रवेश ले लिया था। एक साल बीत गया चारों अंबु के बिना नहीं रहते और अंबु भी सच्चे मित्र की तरह थी। साथ खाना खाते-पढ़ते-फिल्में देखते-पिकनिक जाते और पढ़ाई में भी अव्वल रहते। सब उनकी तरह बनने की कोशिश करने लगे।

अमावस की रात चन्दन की नीयत में कुछ खोट आने लगा। उसने अंबु के गोरे रंग उसकी पतली कमर की तुलना फिल्मी हिरोइन से करनी शुरू कर दी और बातों ही बातों में अपने दोस्तों को उसको पाने की बात जाहिर कर दी। सब यौवन की पहली उमंग से भरपूर हो रहे थे। एक बार तीनों ने इस खयाल को धोखा कहा और इनकार कर दिया किन्तु चन्दन ने उन्हें खूब समझाया जीवन का रंग उमंग कैसे हो बताया। जवानी का वास्ता दिया और साथ ही बताया कि उसे खबर भी न होगी। हम इस प्रकार उसका इस्तेमाल करेंगे कि वह दोस्त ही बनी रहेगी।

चन्दन ने बड़े आदर के साथ अंबु से फिल्म देखने की माँग की और मेटनी की पाँच टिकटें ले आया। फिल्म के बाद उन्होंने ढाबे में खाना खाया। चन्दन ने

सबकी आँख बचाकर अंबु के खाने में नींद की दो गोलियाँ डाल दी थीं। उसे पता था कि प्रोजेक्ट के चलते अंबु कई दिनों से सोयी नहीं थी और सुबह पिकनिक रखने का कारण था उसे थकाना। वह बहुत थक चुकी थी। नींद की गोलियाँ ठीक असर करेंगी। खाना खाकर वे फिल्म के दृश्यों पर चर्चा करते हुए खेतों की ओर से शार्टकट का वास्ता देते हुए हॉस्टल की ओर निकले। रास्ते में धान के खेतों के पास आते ही चन्दन ने कुछ इस तरह हेमन्त को धक्का दिया कि वे सब एक-एक कर पानी से भरे खेत में जा गिरे। सब एक-दूसरे को झपट-झपट कर पकड़ने लगे। सबने तो नहीं पर चन्दन ने कई बार अंबु को गले लगा लिया था। एक बार तो ऐसा फिसलने का नाटक किया कि अंबु को भी अपने ऊपर गिरा लिया और एक मीठी तृप्ति का अनुभव किया। धान के खेतों से उठना निकलना बड़ा कठिन हो गया था। अंबु के कपड़े कीचड़ से बुरी तरह सन गये थे। नौ-नौ मन मिट्टी लग गयी थी। सबने अपने-अपने कपड़े किसी तरह उतार दिए थे। रात काली थी। कुछ दिखाई नहीं दे रहा था। रात के सात ही बजे थे लेकिन लगता था कि रात के दो बज रहे हों।

'अंबु, तुम उस रेतीले स्थान पर थोड़ी देर सुस्ता लो कीचड़ सने कपड़े अभी सूख जाएँगे।' चन्दन ने कहा।

अंबु ने बड़ी कठिनाई से हँसते हुए उठकर एक तरफ जाने की कोशिश की किन्तु कीचड़ बुरी तरह चिपक गया था। अंबु को पास में पानी बहने की आवाज सुनाई दी। उसने कहा—'तुम सब इधर ही रहो मैं बहते पानी में जिस्म पर लगे कीचड़ को धोकर आती हूँ।'

कीचड़ धोकर वह खेत के एक ओर कटहल के बगीचे में आकर घास पर साड़ी का ज्यादा भाग पसार कर बैठ गयी। हलकी-हलकी हवा से वह ऊँघने लगी। चारों साथी वहीं खेत के पास थे। सन्नाटा छाया था। थोड़ी देर में उस पर नींद की गोलियों ने असर करना शुरू किया। वह गहरी नींद में चली गयी।

कब उसका प्रेमपूर्वक आलिंगन हुआ। कब एक-एक कर सबने अपने-अपने ढंग से आगोश में लिया। फिल्मी अन्दाज में कब किसने क्या किया किसी को कोई खबर नहीं। परन्तु पहली बार में जो आनन्द आया उसका नशा उन पर चढ़ गया था। उन्होंने उसे बारी-बारी से आगोश में लिया और खूब चूमा बस फिर जैसे-तैसे उसको कपड़ों में लपेटा और उसी के साथ सो गये। लगभग एक घंटे की मीठी नींद सबने ली।

अचानक अंबुमणि ने करवट बदली तो एक काँटा चुभ गया वह कराह उठी। उसकी आवाज सुनते ही चन्दन ने पूछा, क्या हुआ...?'

'काँटा...आ...आ...आ...' अंबु ने बड़ी रुआँसी आवाज में कहा।

'उठाऊँ तुम्हें...' चन्दन ने पूछा।'

'प्लीज...!'

उसके मुँह से हामी का स्वर सुनते ही सब उसकी ओर लपके...।

उसने खड़े होकर जगह बदली अंधेरा गहरा था फिर भी अन्दाज से आगे हो गये...

अंबु चलने लगी तो उसकी साड़ी गिर गयी। उसने झटपट उसे बाँध लिया। मन ही मन अँधेरे का शुक्रिया अदा किया। 'हाय इन चारों में से कोई देख लेता तो...'

चलते हुए उसे लगा कि थकावट बहुत ज्यादा है। और रक्तस्राव होने लगा था।

जैसे-तैसे सब हॉस्टल पहुँचे। सब खुश थे। गेट पर हॉस्टल का पहरेदार आ गया था। उसने कई प्रश्न कर डाले। अंबु ने बस इतना कहा—

'मैं धान के खेत में गिर गयी थी जितनी बार उठने की कोशिश करती गिर जाती बड़ी मुश्किल से उठकर अपने को धोया-सुखाया इसलिए इतना समय हो गया। चौकीदार ने गेट खोल दिया। कमरे में आकर अंबु ने देखा उसके कपड़े गन्दे हो चुके थे। उसने अपने को खूब अच्छी तरह साफ किया। घंटों नहाती रही पर कीचड़ उतरने का नाम ही नहीं लेता था। काफी देर तक पानी में रहने से खूब थक गयी थी इसलिए वह लेटते ही सो गयी...दूसरे दिन भी उसे नींद ने घेरे रखा। वह न खाने के लिए उठी और न ही और किसी काम के वास्ते। शनिवार और इतवार का दिन आराम में कट गया था। इतवार रात तीन बजे उसकी नींद टूटी। उसने अपने को तरोताजा पाया।

चारों डरे सहमे और उत्सुक थे। अभी तक अंबु कॉलेज क्यों नहीं पहुँची थी। कॉलेज शुरू हो गया था किन्तु अंबु कहाँ रह गयी। उनको कई तरह के प्रश्न घेरने लगे। थोड़ी देर में अंबु अन्दर आती दिखाई दी। उसका खिला चेहरा आज कुछ ज्यादा चमक रहा था। जब वह बड़े प्यार से मिली तो उनको राहत मिली।

अब उनमें साहस बढ़ने लगा। वे जब भी शनिवार-इतवार दो छुट्टियाँ होतीं या कॉलेज से टूर पर जाने का प्रोग्राम होता तो वे अवश्य जाते और वहाँ से एक रात के लिए किसी और जगह का ठिकाना भी ढूँढ़ लेते और अंबु को फुसला लेते। वहाँ वही करते जो वह करना चाहते। अंबु दुबली-पतली थी इसलिए उसे उठाना लाना ले जाना उनके लिए भारी न था। उनकी किसी भी हरकत से अंबु को उन पर सन्देह न होता। वह भोली-भाली पढ़ाकू कुम्भकर्ण की बहन थी। खूब गहरी नींद

सोती और अपने में मस्त रहती।

एक दिन रवि पीछे हट गया। 'मैं इसे अब गलत कह रहा हूँ। दो साल तक हमने उसके मजे लिए अब बस।

'हम उस पर खर्चते हैं तो हमें हक है। ऐसा सोचो।' हेमन्त ने कहा।

'सारे रिश्ते स्वार्थ पर टिके हैं...यही सच है शेष सब ढकोसला... हमें अंबु को बता देना चाहिए...या उसे भी अपनी गैंग में शामिल कर लेना चाहिए। पिछली बातें बताने की जरूरत नहीं है... बस अब से...' रवि ने कहा।

'दुनिया में कौन नहीं जानता कि औरत दो वक्त की रोटी और सामाजिक सुरक्षा के नाम पर अपना तन-मन सब पुरुष के हवाले कर देती है। और कुछ नहीं...चन्दन नें कहा।

'पुरुष यानी पति...पर हम तो चार हैं...हम सुरक्षा नहीं चुपके से लूट रहे हैं।' रवि ने स्पष्ट किया।

'नहीं, हम अपनी शारीरिक भूख मिटाने की कोशिश कर रहे हैं...' हेमन्त ने खुलासा किया।

'औरत आदमी को पालती है या आदमी औरत को पालता है...तो केवल अपने लिए। पर हम बीमार मानसिकता को पाल-रहे हैं। कल अंबु चली जाएगी...तब क्या होगा...' रवि ने पूछा।

'तब दूसरी अंबु आएगी...'

'हमारी शादी होगी...तब...'

'वह भी अंबु ही होगी...हमारे लिए...'

पूरे चार महीने कुछ हरकत नहीं हुई। सब अपनी पढ़ाई पूरी करने में लग गये। अंबु की माँ की तबीयत ठीक नहीं थी वह घर गयी हुई थी। चन्दन को अंबु की याद सता रही थी। वह सीधे अबु के गाँव पहुँच गया। अभी बस से उतरा ही था कि सामने अंबु सामान के साथ आती दिखाई दी। उसकी खुशी का ठिकाना न रहा।

अंबु ने अपनी खुशी जाहिर की जब उसे पता चला कि वह खास उसके लिए आया है तो उसे हैरानी हुई। कॉलेज में दो हजार छात्र हैं...कौन किसको मिस करता है।

चन्दन ने पांडिचेरी जाने वाली बस की टिकट ली और दोनों चढ़ गये।

'पर यह तो बस पांडिचेरी जा रही है।' अंबु ने कहा।

'हाँ, मुझे कुछ जरूरी काम है। वैसे भी कल और परसों छुट्टी है।'

पांडिचेरी आकर उसने अंबु के लिए एक फ्रेंच सेंट लिया और चुपके से उसकी

नजर बचाकर पेन किलर, क्रीम की शीशी, नारियल तेल, कंडोम, कुछ खाने के सामान तथा बिस्कुट आदि।

कक्ष धुएँ से भरा था। अंबु को मितली-सी आने लगी। चन्दन ने सही मौका जान गर्भनिरोधक गोली यह कहकर दे दी कि मितली नहीं आएगी।

नादान अंबु ने गोली उसके हाथ से ले ली। उसके ऊपर कोई नाम न देख वह उसे उलट-पलट कर देखने लगी। अंबु को माँ की बात स्मरण हो आयी थी। इस उम्र में किसी पर विश्वास न करना।

'क्या मुझ पर विश्वास नहीं...?' चन्दन ने बड़ी लापरवाही से पूछा।

'वह बात नहीं।' अँबु ने कहा।

'फिर...?'

'आदत सी हो गयी है हर दवा का नाम पढ़ने की...' अंबु ने कहा।

चन्दन अपनी चालाकी जाहिर होने देना नहीं चाहता था। उसने पानी की बोतल पकड़ा गोली खिला ही दी।

गोली खाकर अंबु को लगा कि वह ठीक हो गयी है। चन्दन उसे कई नयी-नयी बातें बताने-दिखाने लगा वे दोनों भी वहीं बैठ गये। अंबु को मजा आ रहा था चन्दन उसको मजा दे रहा था। और उसे उसी रंग में डुबोये जा रहा था। चन्दन की एक आँख अंबु पर थी कि कब उसे सरूर आये और कब वह अपना अगला कदम उठाये।

नयी दुनिया के नजारों से मोहित अंबु को उसने एक लम्बा कश खींचने को कहा और अंबु ने कश ले लिया उसे सरूर आने लगा। चन्दन ने उसे वहाँ से उठाया उसकी कमर में हाथ डाला अंबु की कोई प्रतिक्रिया नहीं हुई। बस, उसने समझा हरी झंडी है। चार घंटे उस धुएँ को पीने के बाद दोनों कमरे में आ गये और चन्दन ने उसे पूरा नशा चढ़ा कर मदहोश कर लिया था। आज कोई न था उसके साथ। भरपूर आनन्द लेने लगा। सारी रात वह थका नहीं। उसने सुबह होने ही नहीं दी। पता नहीं कितनी बार और किस-किस प्रकार उसने अंबु को वश में कर लिया था। बेहोशी की मदहोश हालत में अंबु भी जी खोलकर आनन्द ले रही थी शायद उसने उसे हिरोइन का इंजेक्शन लगा दिया था।

तीसरी शाम सब नार्मल हो चुका था। बाकी के दोस्त आ गये थे। वे खुलकर उसको अपनी हवस का शिकार बनाने लगे तो अंबु हैरान हो गयी। उसको विश्वास ही नहीं हो रहा था। अब तक के कारनामों से वह बिल्कुल अनभिज्ञ थी।

अंबु खूब चीखी-चिल्लाई। अपनी दोस्ती का वास्ता देती रही। लेकिन वे अपने में मस्त अपनी दुनिया में वहशी दरिंदे बने हुए थे।

गैंगरेप में चारों पकड़े गये थे। फिर दाँव लगते ही हेमन्त और रवि भाग गये थे।

इस बात को हुए दो साल भी नहीं बीते थे कि चोरियाँ, डकैतियाँ, गैंगरेप, अपहरण खुलेआम हो गया। गुमनाम जीवन जीने वालों को छोड़ देना बहुत बड़ा गलत कदम था। वे समय के साथ बदले की भावना से भरते चले गये और खून ही नहीं करने लगे अपितु अपनी गैंग भी बनाने लगे। वे सब उनके गैंग में थे जो किसी कारणवश जीवन से निराश थे।

हेमन्त को आया देख कॉलेज का प्राचार्य सकते में आ गया।

'तू जानता है,...यहाँ आने पर तेरे साथ क्या-क्या होगा...?'

'सर, मैं जानता हूँ कि हमने गुनाह किया है। यह उस समय का है जब हमें अपने से आगे कुछ दीखता ही नहीं था। मैंने आज तक कोई अपराध नहीं किया है।'

'मैं कैसे मान लूँ तुम चारों खून करने में झिझकते नहीं...'

'कई बरस हो गये हैं... कहते हैं कि समय बहुत बड़ी मलहम है समय के साथ शरीर क्या आत्मा पर लगी चोट भी भर जाती है।'

'पर तुमने तो नासूर बना दिया है।' प्राचार्य ने समझाया।

'यही तो हम चाहते हैं बिल्कुल यही। हम मरेंगे भी नहीं। जब तक अपना बदला न ले लें...' हेमन्त ने कहा।

'किस बात का बदला...?' प्राचार्य ने पूछा।

'हमें नामर्द बनाने का...' भयानक अट्टहास से वातावरण काँप उठा।

पेड़ पर बैठे पक्षी डर से उड़ने लगे...'हर कारण और कार्य साथ-साथ चलते हैं अब समाज भुगतेगा...'

पुलिस तेरे पीछे पड़ी है। पूरा समाज तेरा दुश्मन है। तेरे जैसों को अब सीधा एनकांउटर किया जाता है।

वह अपने हृष्ट-पुष्ट लम्बे शरीर के साथ बाहर निकलते हुए बोला, पुलिस क्या कर लेगी...?'

'उसे क्या छोड़ देंगे...' हा...हा... वह भयावनी हँसी हँसता हुआ निकल गया। उसके बाद हर दिन टी.वी. पर 'आजकल' चैनल से सुनाई पड़ता। आज पाँच साल की बच्ची के साथ तो आज ग्यारह साल की तो आज सौतेली बच्चियों के साथ...पिता ने...आदि...आदि...।

अगले दिन अखबार में बस इतना ही छपा था कि गैंगवार हादसे में जिन दुष्कर्मियों को असहाय नामर्द बनाकर छोड़ दिया गया था उसके अंजाम में नये खूनी दरिंदे अंकुरित हो गये हैं।

पर...!!!

दो माह होने को आये थे किन्तु तनु उस दृश्य को एक क्षण भी भूल नहीं सकी। उठते-बैठते तीव्र आकुलता का एहसास हो रहा था। मन इतना अशान्त इतना कि जितना अपने जवान पुत्र के एक्सीडेंट की खबर सुनकर भी नहीं हुआ था। जिसको सर्वश्रेष्ठ मानती रही थी आज एकाएक सब टूट गया था। वह जितना सुन्दर लम्बा-ऊँचा, मेहनती, दानी और दयालु था, आज उसके रूप को देख आँखों पर विश्वास नहीं हो रहा था। जितनी मात्रा में उसके बड़प्पन की छवि मन में थी उससे दस गुना ज्यादा मात्रा में टूटी थी। तनु ने राजू के कारनामों के बारे में कई सुनी। सुनाई बातों से या घटित घटनाओं पर भी कभी कान नहीं दिया था। तनु सबको दरकिनार कर देती थी और अपने अनुभव के आधार पर रिश्तों की नाजुकता को पहचान निर्णय लेती थी। वह न तो कान की कच्ची थी और न किसी के कहने पर फैसला लेती थी। पर आज उसकी पाली हुई धारणाएँ चकनाचूर हो गयी थी। आजतक किसी भाई ने आपस में लड़ाई नहीं की थी। घर में मान-सम्मान बना रहता था।

पहली बार भाइयों के आगबबूला होते तेवर देखे थे। नौबत एक-दूसरे का गला दबाने की आ गयी थी। भाभी की समझदारी कहूँ कि बड़प्पन झट बात को वहीं खत्म करने के लिए भाई के पैर छुए और हाथ जोड़ माफी माँगती हुई अन्दर चली गयी। यह सारा माजरा इतनी शीघ्रता से हुआ कि रोकने समझने की कोई गुंजाइश न थी।

तनु को उस शब्द की याद हो आयी जो कई वर्ष उसका पीछा करता रहा था।

राजू दुर्गापुर में पैदा हुआ था उस समय तनु दूसरी कक्षा में थी। जगाधरी से उसकी बुआ आयी थी। पिताजी ने कुंडली देखते हुए उनसे कहा था कि यह विवेकानन्द की तरह बड़ा सन्यासी बनेगा या...राजा...पर... इतना सुन तनु काँप उठी थी। दूसरे ही क्षण कहा था राजा बनेगा...पर...? वह कुछ देर रुक गये थे। तनु की नजरें पिता पर टिकी थीं, पर क्या...बाऊजी...?

माँ ने बात सँभालते हुए आदेश दिया—जाओ बाहर खेलो...

बरामदे में आकर तनु चुपचाप बैठ गयी थी और बार-बार भगवान से कह रही थी कि हे भगवान मेरे भाई को राजा बनाना संन्यासी नहीं....संन्यासी शब्द उसे बार-बार दाढ़ी वाला बाबा नजर आता और उसका नन्हा मन व्याकुल हो उठता। रात को बुरे-बुरे ख्याल आते। मन में डर बैठ गया।

समय बीतता चला गया। राजू छुटपन में जितना सुन्दर था उतना ही बातूनी भी अपने मन से कई कहानियाँ गढ़कर माँ को सुनाता। हर दिन जब स्कूल से आता तो माँ पहला प्रश्न यही करती आज क्या हुआ...? और वह कुछ सुना देता और सब हँसते। वह अपने तुतलाते होंठों से सबको मोह लेता।

पिता का ट्रांसफर जमशेदपुर हो गया था। अब तनु पाँचवीं की छात्र थी। एक दिन दादा जी ने शोर मचाया... राजू कहाँ है... इतना सुनते ही तनु के नन्हे दिल में शंका उठी कहीं...पर... यही तो नहीं कि एक दिन गुम हो जाएगा। ढूँढ़ते-ढूँढ़ते आखिर साक्षी बाजार की एक बस में बैठा मिला। उस दिन की व्यथा-कथा शब्दों में कही नहीं ज़ा सकती। सब पर क्या बीती। यह वही बता सकते हैं। बेचारे दादाजी धूप में चल-चलकर ढूँढ़ते हुए हाँफने लगते।

समय रफ्तार से उड़ने लगा। तनु का परिवार बंगलौर आकर बस गया। तनु की शादी हो गयी। एक दिन राजू चेन्नै आया और उसने कहा, 'बहन जी मैं आपको किसी से मिलाना चाहता हूँ।'

'हाँ-हाँ अवश्य कल ही बुला ले।' तनु ने बड़े प्यार से कहा।

'कल नहीं। अगली बार जब आप बंगलौर आएँगी तब।'

'कौन है...?' शंकालू हो पूछा।

'बताऊँगा...ज़रा सब्र कीजिए।' उसकी आँखों के हाव-भाव देखते हुए तनु जिज्ञासु हो उठी। 'बताओ भी... कम-से-कम उसके लिए कोई गिफ्ट ले आऊगी।' कमरे में चुप्पी छा गयी। शायद वह अपने को तैयार कर रहा था।

'बहन जी, आयी एम इन लव... उसने बड़े सहज होते हुए कहा।'

राजू के इन शब्दों ने तनु को ऐसा चौंकाया कि उसके पैरों तले की जमीन खिसक गयी। 15-16 साल का लड़का और प्रेम में फँसा हुआ है। उसे गहरा सदमा लगा क्योंकि यह उसकी कल्पना के बाहर था कि दसवीं कक्षा के छात्र से इन शब्दों को सुनना पड़ेगा। जिस समय मीडिया तक न था।

तनु का दिल किया कि राजू के कान पकड़ कर खींचे और पूछे कि तुम्हारी अक्ल मारी गयी है। अभी दसवीं में गये हो और प्रेमजाल में पड़ गये हो। जानते भी हो प्रेम क्या होता है...पर पति के सामने कुछ नहीं बोली।

उस क्षण से तनु सो नहीं सकी। जिसे वह भोला-भाला, प्यारा-दुलारा नादान

समझ रही थी वह प्रेम पचड़े में पड़ा हुआ था। क्या होगा इसका भविष्य एक बार माँ-बाप के बारे में नहीं सोचा कि वह कैसे रात-दिन एक कर एड़ी-चोटी का पसीना बहाते हुए अपने दस बच्चों की परवरिश कर रहे हैं उनको ऊँची तालीम देने के लिए घर के तमाम सुखों से दूर रह रहे हैं। वे सुनेंगे तो उन्हें कैसा लगेगा?

दो माह उपरान्त तनु को एम.ए. की परीक्षा हेतु बंगलौर जाना पड़ा। स्टेशन पर राजू आया हुआ था। उसने बड़े प्यार से बहन के पाँव छुए और सामान लेकर कार में रखा। कार एम.जी. रोड पर ले गया। कार पार्क कर उतरने को कहा।

सड़क के उस पार एक गोरी-चिट्टी मोटी-मोटी आँखों वाली औरत-सी लड़की साड़ी में खड़ी थी।

वह जितनी थी आकर्षक उतनी ही मोटी और बड़ी...तनु का दिल रो पड़ा... 'हैं यह...पागल हो गया है...आंटी लगती है...' बस इतना ही निकला।

राजू ने बड़ी बहन तनु की किसी बात का बुरा नहीं माना शायद वह इन बातों के लिए पहले से तैयार कर दिया गया था या हो चुका था।

उसके बाद वे दोनों रोज मोटर-साइकिल पर शहर-दर-शहर उड़ते-फिरते थे। फिल्मी दुनिया से बढ़-चढ़कर उनकी दुनिया थी। तनु ने जब माँ को बताया तो उन्होंने अपना सिर पीट लिया।

'हाय, हमारे लाड़-प्यार का यह नतीजा...कौन है वह...कमजात जो मेरे बच्चे का घरबार देख उसपर डोरे डाल रही है?'

'कुर्गी है...सुन्दर बहुत है, शालीन लगती है, बड़ा मीठा बोल है...पर...'

'पर क्या...आप खुद ही देख लीजिए...'

तनु को बंगलौर से चेन्नै आये अभी महीना ही हुआ था कि उसको तनु के बरामदे में खड़ी पाया। उसको वहाँ देख तनु सकते में आ गयी, क्या करे और क्या न करे...

तनु ने उसे घर के अन्दर आने नहीं दिया। वहीं खड़ी कर कड़कती आवाज में कहा।

'तुम क्या देखकर इस दसवीं कक्षा के लड़के के पीछे पड़ी हो...?'

अन्दर बैठे पति तथा देवर को तनु के स्वर अच्छे नहीं लगे। पर दोनों चुप सुनते रहे।

'तुम किस गुण को देखकर इस दसवीं कक्षा के लड़के के मोहजाल में पड़ी हो...?' उसने फिर दोहराया।

वह चुपचाप सिर झुकाये खड़ी रही।

'जब तक तुम मेरे सवालों का जवाब नहीं दोगी तब तक मैं तुम्हें अन्दर आने नहीं दूँगी।'

'हम प्यार करते हैं...' उसने बड़ी कठिनाई से कहा।

'तुम करती हो कि वह भी करता है...?'

'हम दोनों!' उसने हलके स्वर में कहा...'

'मेरी माँ के घर का वातावरण पूजा-पायी वाला है क्या जी पाओगी...?'

'मैं भी बहुत पूजा करती हूँ।'

'मेरी मम्मी किसी से समझौता नहीं करतीं...तुम उन्हें कभी बदल नहीं सकतीं सदा उनके कहे अनुसार चलना होगा...चल पाओगी...? वह कहेंगी उठ तो उठना होगा...और कहेंगी बैठ तभी बैठना होगा...ऐसा जीवन तुम नहीं जी सकती हो... क्यों बेकार अपने से इतनी छोटी उम्र के लड़के से मोहब्बत कर रही हो। कल जब उसके घर वाले नहीं मानेंगे तब क्या करोगी...? जब पेट भूखा होता है तो सब प्यार-व्यार का भूत उतर जाता है। यह लवेरिया बुखार चढ़ा रहता है पर जीवन उसकी दवा-दारू में खत्म हो जाता है।'

वह चुपचाप सिर नीचा किए खड़ी रही। अन्धकार बढ़ने लगा। उसने घड़ी पर नजर डाली आठ बज गये थे यानी चार घंटे हो चुके थे।

'देखो मैं उसकी बड़ी बहन पीछे पहले एक गृहिणी फिर शिक्षिका हूँ इसलिए तुम्हें समझा रही हूँ कि भावनाओं में बहने की नादानी मत करो। ये स्थायी नहीं होती।, तनु कुछ और पूछे कि राजू मोटरसाइकिल पर सवार वहाँ आ गया।

तनु ने राजू की ओर देखते हुए कहा—'कल जब तुम बड़े हो जाओगे, दुनिया की ऊँच-नीच समझने लगोगे तो क्या गारंटी है कि तुम इसका साथ निभाओगे?'

'मैं मर जाऊँगा पर साथ निभाऊँगा।' राजू की वीरोचित आवाज सुन उसने पूछा—

'खिलाओगे क्या?' पढ़े-लिखे तो तुम हो नहीं...माना कि बड़े बाप के दुलारे पुत्र हो किन्तु जब तक वे इस रिश्ते को माने नहीं तब तक...? 'कल यही होगा आज जिसे तुम कसमें खा-खाकर प्यार का नाम दे रहे हो उसे तुम यह कहकर बदल दोगे कि मैं छोटा नादान था. उसे तुम छोड़ दोगे। तुम्हारा क्या जाएगा...पर लड़की का जीवन यातनाओं से भर जाएगा उसका क्या... कौन उसको सहारा देगा...घर वाले...ससुराल वाले...'

'ऐसा कभी नहीं होगा।' थोड़ी देर खामोशी छायी रही।

'और ऐसा हुआ तो मैं तुम्हें भरे बाजार में जला डालूँगी...मंजूर!' तनु ने दाँत पीसते हुए बेबसी में कहा।

तनु जानती थी कि यह क्षणिक फितूर है। जिस दिन पैसा खत्म हो जाएगा उस दिन सब बदल जाएगा।

राजू भी यह जानता था कि अगर घर में प्रवेश करना है तो माँ-बाऊजी की रजामन्दी जरूरी है, यह केवल बहनों के द्वारा ही सम्भव है। बड़ी बहन तो कभी हामी नहीं भरेगी और छोटी दूर है। ले-देकर तनु दीदी ही पास है।

राजू जितना दिलेर, ताकतवर था उतना ही प्रेमी भी। अपने प्रेम को पाने के लिए पुलिस के डंडे खाए, जेल की सलाखों के पीछे की यातनाएँ सहीं दोनों परिवारों से दुत्कारें-लांछना पायी लेकिन अडिग रहा। उसकी शक्ति उसके सारे भाई-बहन थे। अन्दर-ही-अन्दर सब उसको मदद कर रहे थे लेकिन वह किसी का नहीं था।

लगातार चार सालों की यातनाओं के बाद उन दोनों का विवाह बड़ी धूमधाम से हो गया। बाऊजी ने उन्हें ऊटी बसा दिया और ट्रांसपोर्ट कम्पनी खोल दी। देखते-ही-देखते पुत्ररत्न भी प्राप्त हो गया। घर में खुशियाँ भर गयीं। समय उड़ता चला गया। बच्चा दो साल का हो गया था।

सारा परिवार प्रसन्न था और सबसे ज्यादा तनु क्योंकि भाई का घर उसकी इच्छानुसार बस गया था। सब ऊटी गये। वहाँ राजू के हाव-भाव से उसे कुछ खटका। पर पता नहीं चला। दूसरे दिन वह काम के बहाने निकल गया। हफ्ते के बाद परिवार भी वहाँ से लौट गया... चार माह से छह माह हो गये पर राजू का कहीं पता नहीं चला। तनु क्या परिवार के सारे सदस्य तड़प गये।

तनु अपने परिवार के साथ चेन्नै आ गयी थी। वह सुबह कॉलेज निकलती और घर आते ही अपने दोनों छोटे बच्चों को लेकर कभी एयरपोर्ट तो कभी बस स्टैंड, कभी बाजार, रेलवे स्टेशनों के चक्कर लगाती घंटों मन्दिर में बैठ प्रार्थना करती। राजू की सलामती की मिन्नतें करती रात-दिन लगी रहती। उसके पति भी उसका पूरा साथ देते पर राजू का कहीं पता नहीं चला।

तनु को फिर वही शब्द घेर लेता 'पर...।'

दो साल़ बीतने को आये। इस बीच उसकी पत्नी का हाल तो पूछने गयी किन्तु वह सामने नहीं आयी। आती भी तो किस मुँह से...

तनु को कभी उस पर दया आती तो कभी क्रोध वह उन लड़कियों की फितरत पसन्द नहीं करती जो शादीशुदा पुरुषों से विवाह करती हैं या उनसे जो अपनी उम्र से छोटे के मोह में फँस जाती हैं...

राजू को लेकर माँ का बुरा हाल था। पर वह क्या करती...?

एक दिन एक ट्रंककॉल कुवैत से आया। किसी नारी की आवाज थी। 'आप

तनु दीदी बोल रही हैं ना...?'

'हाँ...कौन..?' तनु ने उत्तर में कहा।

'मैं राजू से शादी करने जा रही हूँ...'

इतना सुनते ही तनु की रूह काँप उठी मेरा भाई और... फिर लव मैरिज। जहाँ उसे खुशी थी कि मेरा राजू मिल गया है वहीं यह बात सुनकर कि दूसरी शादी कर रहा है...भाभी जो इसी आस में तिल-तिल कर जी रही है, उसका कोई खयाल नहीं?

भाई के कदम से तनु बौखला उठी। पुरुष की यह प्रवृत्ति...किस तरह का झूठ बोला होगा।

तनु ने पूरी ताकत लगाकर कहा—'खबरदार गलती मत करना। वह शादीशुदा है। उसका सात साल का एक बेटा है...'

वह कुछ समझी कि नहीं उसने फोन काट दिया या कट गया पता नहीं।

तनु घबरा उठी। अब क्या होगा उसका नन्हा बच्चा बिन बाप का...तनु की आँखें झरने लगीं। भाभी की आस्था-विश्वास सब खाक हो गया। तनु का सर झन्ना उठा। यह सोचकर कि राजू ने सच तो कभी भी नहीं बोला था।

राजू ने दूसरा ब्याह कर लिया। राजू एक सफल बिजनेसमेन बन गया था और सबने सारे दुख भुला उसे गले लगा लिया।

राजू अब वह राजू नहीं रह गया था। उसने कभी माता-पिता के साथ रहकर उनकी सेवा नहीं की थी। उनके आदेश का पालन करने की नौबत ही नहीं आयी थी अतः रिश्तों की अहमियत का उसे पता ही नहीं था। जरा-सी मदद करता तो कहीं न कहीं उसे भुनाने में लग जाता। कभी कान भरकर तो कभी झगड़ा करवा कर अथवा खिल्ली उड़ा कर सारे परिवार में जहाँ उसके लिए मान था वहीं एक आक्रोश भी उठने लगा। तनु इन सबसे बेखबर थी।

छोटे भाई उसे पिता का दर्जा देते और अपने सिर पर छत्रछाया-सा महसूस करने लगे तो वह अपनी नयी चालों से कुछ-न-कुछ ऐसा कर देता कि एक गमगीन माहौल बन जाता। जहाँ वह भरपूर प्यार करता वहीं उससे दुगनी मात्रा में उनका अपमान भी करने से बाज नहीं आता।

आज तनु से रहा न गया जब उसने अपनी दूसरी पत्नी जो हर तरह से उसके साथ एडजस्ट हो गयी थी उसे भरी सभा में डाँटकर अपमानित कर दिया कि क्या कहा जाए। कहीं कभी कोई शालीनता नहीं। वह जितना समझाती उस समय समझने का नाटक करता और ठीक समय पर जहाँ शालीनता दिखानी चाहिए थी वहाँ वह गँवारूपन दिखाता।

तनु ने भाई की हरकत को ले कई डॉक्टरों से चर्चा की। उनका यह मानना है कि जब मन-ही-मन व्यक्ति असफल होता है तो ऐसी हरकतें करता है। यदि ऐसा नहीं है तो उसको आत्मग्लानि हो सकती है।

अगर ऐसा भी न हो तो व्यक्ति को पॉवर की हवस होती है। उसका अहं...। वह चाहता है कि सब उसको पूजें और वह मन चाहा व्यवहार करे। अक्सर धौंस जमाने वाला स्वभाव होता है।

तनु अब उस नजरिए से देखने लगी। उसका बेटा बड़ा हो चुका था लेकिन पिता के इस व्यवहार से वह तंग था अपनी नैतिकता भुला पिता को जवाब देने लगा था।

तनु को एकाएक जवाब मिल गया था जिसने दो-दो प्रेम-विवाह किए हों। उसके दो-दो पत्नियाँ हों पर उनमें से कोई खुश न हो तो इसका क्या मतलब...? और वह किसी को न खुश रख सका और न ही खुद रहा हो...तो...?

एकाएक उसके मुँह से निकला तो कारण है झूठ...झूठ...बस और कुछ नहीं। बाऊजी के 'पर' का उत्तर तनु को आज मिल गया था।

पर होगा पक्का... झूठा। आत्मसीमित तथा मोहक...?

नेट पर बनती जोड़ियाँ

वन्दना के घर से लौटते समय आशु का मन गहन अवसाद में डूबा हुआ था। मन कर रहा था किसी तरह घर पहुँच कर बिस्तर पर अपने को पटक कर जोर-जोर से रोऊँ। उसकी आँखें रास्ते में भी भर-भर जा रही थीं। जिसकी वजह से उसे अपना रास्ता भी ठीक से नजर नहीं आ रहा था। जिसके चलते बह सामने से आने वाले स्कूटर से जा टकराई और सड़क पर गिर गयी। वह तो भला हो उस स्कूटर चालक का कि उसने स्थिति को भाँप लिया था और शीघ्र ब्रेक लगा दी। वरना दुर्घटना बहुत गहरी हो जाती। स्कूटर वाले ने झटपट उसे उठाया। आशु की नजर उस पर पड़ी तो सुखद आश्चर्य से भर गयी। अमर ने भी जब उसे देखा तो पुलकित स्वर में बोला... अरे तुम... आखिर दोनों एक-दूसरे को कई सालों से जानते थे पर इधर कॉलेज खत्म होने के बाद कई वर्षों से मिले ही नहीं थे। अमर ने अपनापन दिखाते हुए उसे झिड़का... 'किस तरह सड़क पार कर रही थीं।' अमर ने आशु को किनारे खड़े होने को कह अपना स्कूटर एक किनारे खड़ा किया। दोनों को बड़ा अच्छा लग रहा था। कोई चोट भी नहीं आयी थी। आशुं की कुहनी पर छोटी-सी खरोंच आ गयी थी। अमर उसे डॉक्टर के पास ले गया। आशु उसे कहती रही कि मैं खुद चली जाऊँगी किन्तु अमर ने उसकी एक न सुनी।

डॉक्टर के क्लीनिक में थोड़ी भीड़ थी। अमर को वहाँ बैठना और आशु के साथ बातचीत करना अच्छा लग रहा था और आशु को भी अनचाहा सुख मिल रहा था। मन को एक राहत का एहसास हो रहा था।...'और सुनाओ आशु, आजकल कैसे बीत रही है...' अमर उसकी ओर देखने लगा। आशु कुछ देर के लिए अपना दुख भूल चुकी थी, एकाएक दुख दुगने वेग से फिर घिर आया। उसकी आँखें फिर छलछला आयीं। इस बार तो आँसू और भी मोटे-मोटे थे। अमर अचकचा गया। उसने ऐसा क्या कह दिया जो आँसुओं के टपकने की नौबत आ गयी थी।

उसके इतने मोटे आँसू देख वह घबरा उठा। क्या हुआ...क्या हुआ... कहता उसके चेहरे को दोनों हाथों में लेकर अपने करीब ले आया। एक क्षण तो अमर

उसके सारे आँसू पी जाने के लिए ही बड़ा था किन्तु दूसरे क्षण उसने अपने को सँभाला। वह रुक गया। चेहरे से पकड़ ढीली कर दी थी। बस उसकी ओर प्रश्न भरी नजर से देखता रहा। इसी बीच डॉक्टर ने बुला लिया। आशु अपनी आँखें पोंछती केबिन की ओर बढ़ी।

इंजेक्शन लगाकर डॉक्टर ने भेज दिया था। बाहर आकर आशु का मुँह अनायास सूखने लगा। अमर उसे सामने वाले कैफे में ले गया। 'एक चाय तो बनती है...।' कहता हुआ अमर हँसने लगा। आशु भी हँस पड़ी...'हाँ बनती है...।' आशु को उसका यह लहजा भला लग रहा था।

चाय का आर्डर दे अमर उसकी ओर देखने लगा।

'क्या है... ऐसे क्यों देख रहे हो...?'

'मैं देख रहा हूँ कि अभी तक तुमने अपने जीवन साथी को कोई फोन या उसका जिक्र नहीं किया... क्यों...?'

इतना सुनते ही उसकी आँखें भर ही नहीं आयीं बल्कि फिर छलछलाने लगा...

'ओह... ऐसा क्यों...?'

भरे गले से किसी तरह इतना कहा 'स्वर्ग में मेरा कोई जोड़ीदार बना ही नहीं...'

उसका यह वाक्य सुनते ही अमर ठहाका मारकर हँसने लगा...'अच्छा....कोई नहीं बना? तो लो हम बनाते हैं। मैडम जी,' जोरदार आवाज में प्रभाव जमाते हुए एक-एक शब्द पकड़-पकड़ कर बोला...आज की नयी तकनीक ने भगवान से कांट्रेक्ट ले लिया है और मुझे सौंप दिया है। आजकल जोड़ियाँ स्वर्ग में नहीं नेट पर बनती हैं, वह भी मेरी कला से मेरे हाथों।' उसने इतराते हुए कहा और आशु की ओर अपलक देखने लगा।

'मेरी ओर इस तरह क्यों देख रही हो? मेरे साथ रहोगी तो जान जाओगी कि आजकल प्रेम-परिणय की भाषा अलग होती है।'

'क्या यह अच्छी बात है...?'

'क्यों इसमें क्या बुराई है... जानती हो ऑनलाइन पर वैवाहिक साइट सर्फ करने वाले पढ़े-लिखे महानगरों के लोग ही होते हैं, किसी कस्बे अथवा गाँव के नहीं...' उसने आशु के विस्फारित नेत्रों की ओर देखते हुए कहा।

'एक समय होता था जब ब्वायफ्रेंड बुरा माना जाता था किन्तु एक दिन ऐसा भी आया जब ब्वायफ्रेंड जिसका नहीं होता था उन्हें बुरा माना जाने लगा है... हैं न...? याद है होस्टल में कुछ ऐसा ही हुआ था जिसे सुनकर हम सब चौंक गये थे। परन्तु आज सबके ब्वायफ्रेंड होते हैं। इसमें कोई बुराई नहीं...। ऑनलाइन में

अच्छाइयाँ-ही-अच्छाइयाँ हैं। पहला कि सारा विश्व आप खँगाल सकते हैं। दूसरा, घर बैठे-बैठे बिना किसी औपचारिकता के बातचीत उन्हीं कपड़ों में कर सकते हैं। तीसरा, अगर पसन्द नहीं है तो बिना किसी बहाने के बात वहीं पर खत्म कर सकते हैं। चौथा, आपस में किये गये सवाल आप तक ही रहते हैं। गोपनीयता बनी रहती है। पाँचवा, लॉटरी पहले भी थी आज भी है। इतना जोखिम तो उठाना पड़ता ही है। इस तरह की मुलाकातों में ब्लाइंड डेट के सारे फायदे हैं। परस्पर बातचीत का मौका मिलता है।'

'लड़कियों के लिए कहाँ हितकर है... लोग कितनी बातें बनाते हैं...'

'लड़कियों के लिए यह सशक्तीकरण का जरिया भी है। जो घर वालों की जिम्मेदारी को खत्म करता है कि कोई उनके लिए अपनी मन पसन्द क्यों ढूँढ़े जबकि रहना तुमने है। लड़का भी कई तरह के दुनियादारी के झंझटों से बच जाता है। ऑनलाइन लड़के-लड़कियों को... विपरीत लिंग से बातचीत करने, दोस्ती करने, उनको समझने का मौका देता है। मेरा तो यह कहना है कि इंटरनेट युवाओं को साथी की तलाश में अपने साथ ले जा रहा है। जाओ जाकर अपने लोगों से तहकीकात करो देखो कितने मैचमेकिंग सर्विस का इस्तेमाल करते हैं।' चाय लेकर बैरा आ गया था। दोनों ने चाय का खूब आनन्द लिया। अमर ने आशु का कार्ड लिया और अपना कार्ड उसे दिया। कार्ड देखते ही अमर की आँखों में चमक आ गयी। तुम आयी.सी.सी बैंक में एरिया मैनेजर हो...वाह...। और मिस्टर आप ऑनलाइन पर जोड़ियाँ बनाने का सुनहरा काम करते हैं।

घर आकर आशु वन्दना के जिस सुख को देखकर दुखी थी उसे वह अपनी गलती मानने लगी। उसे तो खुश होना चाहिए था कि उसकी सहेली को अपना जीवन साथी मिल गया था। वह जैसा चाहती थी उससे कई गुना पढ़ा-लिखा, धनवान, दिलदार और वन्दना को चाहने वाला था। यह तो अच्छी बात थी फिर वह क्यों मतलबी हो गयी। उसे अमर की बात याद हो आयी कि पता लगाकर देखो कि कितने ऑनलाइन पर उपलब्ध सुविधाओं का इस्तेमाल करते हैं, तो उसने यूँ ही फोन करके आस-पड़ोस, अपने जान-पहचान वालों से पूछा और अमर की बात ही उसे ठीक लगी। बैंक के सीनियर महाप्रबन्धक से बातचीत की तो उनका भी यही कहना था कि आजकल लक्ष्य और महत्वकांक्षा के अनुकूल यही ठीक और सरल प्रणाली है। मेरी दोनों लड़कियों और दोनों लड़कों की शादियाँ इसी तरह हुईं। आशु की आँखें खुलीं। वह कितनी बेवकूफ रही। जीवन के कितने साल बेरंग गँवा दिए। पर ठीक ही तो है रिश्ता रब ने बनाया ही कब था। सारी रात नये-नये ख़यालों में बीत गयी।

दूसरे दिन सुबह-सुबह अमर ने गुडमार्निंग फोन किया तो आशु फूली न समाई और बैंक के बाद उसके जीवनसाथी डॉटकॉम ऑफिस में पहुँचने का वादा कर दिया।

आशु अमर का ऑफिस देख पुलकित हो गयी। पूरा अत्याधुनिक सजाधजा दफ्तर। वह उसके पास आकर बैठ गयी और लोगों के प्रोफाइल पढ़ने लगी। अलग-अलग प्रोफाइल के अनुसार कई बातें सामने आयीं। युवाओं की खुली मानसिकता को देख वह हैरान थी। उसने देखा कि–'उम्र, शक्ल-सूरत, पैसे और नजरिए के प्रति लोगों की मानसिकता में बहुत बदलाव आ गया है।'

उसने पाया कि मोटा वेतन पाने वाली नारियाँ औसत आय वाले पुरुषों को पसन्द कर रही हैं। युवा पुरुष अपने से बड़ी उम्र वाली या तलाकशुदा और बच्चे वाली महिला को पसन्द कर रहे हैं। उसने यह भी महसूस किया कि जिन धारणाओं को लेकर वह बँधी हुई थी। अपनी जिन्दगी व्यर्थ कर रही थी। उनकी कोई अहमियत ही नहीं है... उसने महसूस किया परम्परागत खूबसूरती अब अप्रासंगिक हो रही है। माता-पिता के लिए यह बदलाव यदि कष्टप्रद है तो भी महत्त्व जरूर रखता है।

'...लो इसे पढ़ो,' कहते हुए अमर ने एक विज्ञापन की कतरन उसके हाथ में थमाई–

एक खूबसूरत, कॉन्वेंट शिक्षित, कुँआरी, सुशील घरेलू, सुघड़, 19 वर्षीय कन्या के लिए सुयोग्य वर चाहिए। लड़के की उम्र 25-26 साल हो, अच्छा स्वास्थ्य, सजातीय और अच्छे परिवार से होना चाहिए।

एक दिन में ही इन्हें मन मुताबिक वर मिल गया है। परसों इस लड़की की माँ आयी कि बेटी दो दिनों में अमरीका से अपनी पढ़ाई खत्म कर आ रही है। मैं चाहती हूँ कि झट काम बन जाए। और मैंने जो रिश्ते दिखाए उसमें तीन पसन्द आ गये। आज बेटी आ जाएगी और काम को अंजाम मिल जाएगा।

अमर की बात सुन आशु को अपनी अक्ल पर तरस आने लगा। वर की बेतरह तलाश ने उसके माता-पिता को निराश कर दिया था। उनकी किसी तरह मैं मदद न कर सकी। परन्तु आज की लड़की मैरेज पोर्टल में पंजीकृत कर अपने लिए खुद ही जीवन साथी चुन वह दूल्हे की तलाश में लगे माता-पिता को योगदान देती है। पर मैं चाहकर भी इतनी हिम्मत कभी जुटा नहीं पायी। जब वन्दना ने कर दिखाया तो मैं अपनी किस्मत पर आठ-आठ आँसू बहाती हुई जमीन-आसमान एक कर रही हूँ।

घड़ी पर नजर डाली रात के आठ बज रहे थे। वह उठ खड़ी हुई। अच्छा अब

मैं चलना चाहूँगी। अमर ने प्रसन्नता जाहिर की और पूछा 'कैसा लगा...?'

आशु ने मुस्कुराते हुए उत्तर दिया 'एक बात अच्छी और एक अच्छी नहीं लगी।'

'कौन-सी अच्छी लगी?' चलिए पहले सुन लें।

'अच्छी बात यह है कि सूचना के हाईवे पर जैसे-जैसे रोमांस और ग्लेमर बढ़ रहा है, सामंजस्यता ही मूलमंत्र बन गयी है... हर किसी का व्यक्तित्व अपनी कुछ खासियत रखता है, और इस प्रकार एक सफल मानसिकता का मेल पर बल देना होता है। जो पहले कभी न था। आज जीवन जीने पर ध्यान दिया जा रहा है। दूसरा बिन्दू जो अच्छा नहीं लगा वह यह है कि अभी तक नेट पर जोड़ी बनाने वाले को अपनी जोड़ी बनाने का वक्त नहीं मिला...?'

आशु के मधुर कटाक्ष को समझकर अमर ने कहा, 'अब आप आ गयी हैं... आप बताती जाइए और मैं करता जाऊँगा... एक से दो भले...' दोनों ने एक-दूसरे को मस्त आँखों से देखा और खुलकर हँसने लगे...

अमर ने कहा, 'कल हम ब्लाइंड डेट पर चलेंगे...'

'वह क्या है।' आशु ने पूछा।

'कल आप खुद समझ जाओगी। कुछ बातें बताई नहीं जाती, समझी और महसूस कर आनन्द लिया जाता है। कल तुम ऑफिस से सीधा इधर आ जाना।'

होटल हैयात में प्रवेश करते ही आशु का दिल खिल उठा। वह मन-ही-मन मनाने लगी कि कोई उसे वहाँ देख लें और वह भी इठला सके कि उसका भी कोई ब्यायफ्रेंड है। चाहे अभी अमर और वह इस तरह के किसी सूत्र में बंधे नहीं हैं फिर भी क्या...

हॉल की नीली रोशनी में कई जोड़े बाँहों में बाँहें डाले झूम रहे थे और वह उन्हें देखती हुई एक मेज की ओर बैठ गयी। नजारा फिल्मों में ही देखा था।

'ये सारे के सारे जोड़े जिन्हें तुम झूमते हुए देख रही हो, सब उच्चशिक्षा प्राप्त ऊँचे पदों पर शोभायमान इंटरनेट शादी डॉटकॉम पर चुने हुए जोड़े हैं।'

उस शाम के बाद आशु की सोच, उसका नजरिया, उसका रहन-सहन बदलने लगा। आशु हर दिन अमर को मिलती, काम में उसका हाथ बँटाती। अमर को भी उसकी मदद अच्छी लगने लगी। एक दिन अमर ने आशु को कहकर उसका बॉयोडाटा शादीडॉटकॉम में डलवा दिया। अब आशु बेसब्री से इन्तजार तो करने लगी पर अन्दर-ही-अन्दर कुछ और भी चाहने लगी किन्तु कैसे कहे। उसकी इस कशमकश को अमर देख पा रहा था। उसने अपने ढंग से उसे अंजाम दिया।

इस वर्ष दीवाली तेरह नवम्बर की थी और उस शाम अमर ने हर तरह से

अपने को योग्य बताते हुए उसको उत्तर दिया।

दीवाली की शाम जब प्रोपोज़ल आशु को मिला तो वह खुशी से झूम उठी। उसको मनचाही जोड़ी मिल गयी थी। उस दिन उसके पैर जमीन पर नहीं पड़ रहे थे। अमर ने देखा कि आशु बहुत खुश है तो वह भी झूम उठा। आशु ने पूछा–

'यह कैसे हुआ...?'

'ब्लाइंड डेट से मैडम...' अमर ने हँसते हुए उत्तर दिया। उस दिन दोनों सड़क पर बड़ी देर तक, दुनिया से बेखबर, अपने अलग जहान में अपनी मुरादों के मीठे पलों को लिए बतियाते रहे। क्या...? पता नहीं...

'आगे क्या...?' आशु ने पूछा।

'आगे नववर्ष का नया दौर...'

'वह क्या होता है...?'

'इंटरनेट पर बनी नयी जोड़ियों के जीवन की सफलता का विज्ञापन और क्या...?'

'मतलब....!'

'मतलब, हम 2013 में यानी जनवरी एक को शादी करेंगे और आने वाले समय के नये स्वरूप को गढ़ेंगे जिससे हर युवा अपना जीवन जी सके न कि यूँ ही बर्बाद कर दे जैसे तुम कर रही थीं। यह तो अच्छा हुआ कि मैं मिल गया...' अमर की बातबीच में ही काटते हुए, 'हाँ...अगर मैं न मिलती तो तुम्हारा भी...!' दोनों खूब हँसे...।

उनके समस्त मित्रों को खबर मिलते ही न्यूइयर ईव की बड़ी शानदार-जानदार पार्टी रखी गयी। सबने खूब डटकर गाया-बजाए-नाचा-खाया-पिया। सबने जितनी मस्ती हो सकती थी अमर-आशु की शादी में की। शादी डॉटकॉम दफ्तर के बाहर विज्ञापन लगा था–आज 2013 की पहली तारीख है। और कई विवाह हुए जिनमें सब की सब जोड़ियाँ इंटरनेट जोड़ियाँ हैं...

मेरा खूबसूरत जहाँ लुट गया

बात सुनते ही बाला स्तब्ध रह गया। एकाएक उसकी बोलने-सुनने की शक्ति निष्क्रिय हो गयी। उसके जानदार पैर जवाब दे गये। वह वहीं सड़क के बीचोबीच बैठ गया। चारों ओर का ट्रैफिक जाम हो गया। बेशुमार लाइटें और पों-पों, पीं-पीं... की आवाजों से वातावरण भर गया। ट्रैफिक पुलिस का कर्मचारी दौड़ता हुआ आया और जोर-जोर से फटकारने लगा। जितना वह कह सकता था कहता रहा लेकिन बाला वहीं सुन्न बैठा रहा। उसे कुछ पता ही नहीं चल रहा था कि वह कहाँ और क्यों बैठा है? उसे कर्मचारी ने हाथ लगाया तो वह मिट्टी के ढेले की तरह भुरभुरा कर जमीन पर गिर गया। तब तक कई लोग अपनी कारों से निकलकर वहाँ आ गये थे। पाँच-छह लोगों ने मिलकर उसे उठाया और फुटपाथ पर लाकर बिठाया। जाम हुआ ट्रैफिक खुल गया था।

बाला अभी भी सुन्नावस्था में था। अभी तक उसे पता नहीं था कि वह सुन्न फुटपाथ पर बैठा है। किसी ने हवा की, किसी ने सोड़ा लाकर पिलाने की कोशिश की, किसी ने पानी...तकरीबन पन्द्रह मिनटों के बाद उसे सुनाई देने लगा। पैर अभी तक बेजान ही थे। एक ने उसकी उम्र का लिहाज करते हुए पूछा—आपका घर कहाँ है...?

उत्तर में हाथ के इशारे से कमीज की जेब की ओर इशारा किया। पूछने वाले ने हिचकते हुए जेब में पड़े कार्ड को निकाला और पढ़ा। भीड़ में ही खड़े किसी दयालु ने आगे आते हुए कहा—मैं इन्हें घर छोड़ देता हूँ। बाला को सहारा देकर कार में बिठा दिया गया। थोड़ी देर में कार की ठंडी हवा से वह ठीक हो गया और उससे पूछने लगा कि उसे क्या हुआ था। उस सज्जन ने सविस्तार से सारी घटना ाता दी।

घर आ गया तो कार से उतर कर बाला ने उस सज्जन को धन्यवाद दिया। घर में सन्नाटा था। यह देखकर उसका दिल खट्टा हो गया। उसके मुँह से निकला...सबके सब...

दर्द से दिल बाहर आ गया। इतनी मेहनत, इतना स्नेह, इतना मरने-खपने के

बाद उन्होंने ऐसा किया जिनके लिए अपनी सारी जिन्दगी दाँव पर लगा दी... दिल में जानलेवा दर्द उठने लगा... कोई मेरा नहीं था...कोई भी नहीं... मैं ही सबको अपने जिगर का टुकड़ा समझता रहा... हताशा-निराशा की अतिशयता से हाथ काँपने लगे। कमरे के बीचोबीच लगे झूले के पास पड़ी कुर्सी का सहारा लेने के लिए हाथ बढ़ाया तो वह प्लास्टिक की कुर्सी ऐसी पलटी कि उसके साथ वह भी कोने में जोर से पटका गया। कुर्सी के गिरते ही उसके झटके से झूले का तख्त उसके सिर पर जोर से लगा। सिर पर वजनदार तख्ते से ऐसी लगी कि सिर झन्ना उठा। आँखों के आगे अंधेरा छा गया और मुँह से जोरदार चीख निकल गयी। उसे लगा कि दर्द बयान नहीं किया जा सकता। हाय...हाय करता वहीं पड़ा रहा। उठने की हिम्मत नहीं रही। उसे लगा कि असहनीय दर्द... यही तो वास्तव में उसे हो रहा था जो एकाएक बाहर भी आ लगा। सारी रात जानलेवा दर्द से बेहाल छटपटाता वहीं जमीन पर ही पड़ा रहा। इतनी बुरी तरह लग चुकी थी कि उठ ही नहीं सका। दीवार पर लगी घड़ी रात के दो बजा रही थी। उसे बड़ा अचरज हुआ। शाम के आठ के आसपास गिरा था और अब रात के दो बज गये थे। इसका अर्थ यह था कि वह पाँच-छह घंटे बेहोश था...

सामने दीवार पर लगी मामा-मामी की फोटो पर नजर जा टिकी... पूरे बासठ साल का पुराना नजारा आँखों के सामने आ गया।

उसका पूरा नाम बाला सुब्रह्मणन था। प्यार से लोग उसे बाला-बाला... कहकर पुकारते। बाला देखने में जितना स्वस्थ-सुन्दर था उतना ही कर्मठ, आज्ञाकारी और दृढ़ संकल्पी भी। एक बार मन में जो ठान लेता करके ही दिखाता।

उसकी जीवन-डायरी में प्राण जाए पर वचन न जाए...वाला वाक्य अंकित था जो उस पर चरितार्थ होता था।

कल से वह छटपटा रहा था। उसने कभी नहीं सोचा था कि आध्यात्मिक-साँसकृतिक तथा सामाजिक रूढ़ियों को प्राथमिकता देने वाला कदम-कदम पर धर्म के तौर-तरीकों को मानने वाला परिवार एकाएक अपना रुख बदल देगा। यह कैसे सम्भव हो सकता है... अप्रत्याशित स्थितियों को प्रतिकूल रूप लेता देखकर वह ऐसा अचकचा गया कि बोलती ही बन्द हो गयी थी। उसे बार-बार यही लगने लगा कि उसका खूबसूरत जहाँ लुट गया। वह अक्सर अपने देश-धर्म-जाति की बातें और अपने मामा-मामी की चर्चा करता कि कैसे अपने धर्म-जाति संस्कारों के प्रति निष्ठावान थे।

उसे वे दिन याद हो आये, जब उसे राज्य के सबसे बड़े कॉलेज से नौकरी का

पत्र मिला था, तो सारा मोहल्ला झूम उठा। चारों ओर से बधाइयों का ताँता लग गया था। सारी रात जश्न मनाया गया कि हमारी बिरादरी से एक नवयुवक को इतने बड़े कॉलेज में नौकरी मिली है... सुबह होते-होते सबका मानो नशा उतर गया हो। मामी ने मामा को बुलाकर समझाया।

'बाला इस कॉलेज में नौकरी नहीं करेगा। हमारा माहौल अलग है और ईसाइयों का माहौल अलग... बाला कैसे रह पाएगा।' मामी ने सबको कहना शुरू कर दिया था—'हम ठहरे हिन्दू ब्राह्मण और वे ठहरे पक्के ईसाई कैसे समन्वय हो पाएगा... बाला न घर का रहेगा न घाट का...'

बाला ने जब मामी की बात सुनी तो उसका दिल बैठ गया. जैसे आज वह सड़क के बीचोबीच बैठ गया था। मामी को कितना समझाया था उसने। आस-पड़ोस वालों ने भी समझाया कि ऐसे तो सारे भारत में ईसाई हैं किन्तु सब मिल-जुलकर रहते हैं अपने-अपने धर्म के साथ। आपके दिये गये संस्कार का वजन क्या इतना ही है....?

इन बातों को बीस दिन हो गये तो तीसरा और अन्तिम रिमाइंडर आ गया कि इस पत्र का उत्तर नहीं आने पर यह नौकरी किसी और को दे दी जाएगी।

घर की आर्थिक हालत भी ठीक न थी। मामा ने रात-दिन मामी को समझाना शुरू किया। बड़ी कठिनाई से मामी को यह कहकर मनाया गया कि बाला में जरा भी बदलाव आया तो नौकरी छुड़ा दी जाएगी।

बाला सोचने लगा...गरीब होने पर भी जरा भी लालच नहीं। उन दिनों के लोग अपनी साँसकृतिक और अपनी सामाजिक समझ में पक्के थे। तभी तो आजतक इतने आक्रमण हुए लेकिन हम भारतीय दृढ़ रहे।

बाला की आँखों में अश्रु की धाराएँ अनायास बहने लगीं... उसकी हिचकी बँध गयी। जब मामा-मामी का देहान्त हो गया और वह अकेला रह गया था उनके छोटे-छोटे पाँच बच्चों के साथ। पाँच बच्चों के अतिरिक्त उनकी सम्पत्ति थी केवल स्टील के सात-आठ बर्तन और दस चटाइयाँ।

उन छोटे बच्चों की देखभाल कौन करता...? उनकी खातिर अपने मामा-मामी के बच्चों का माँ-बाप बना रहा। अपना सारा जीवन उन्हें पालने-पोसने में लगा दिया। ब्रह्मचारी रहा।

जानता हूँ, मैंने कितनी मुश्किलों से पाला। अपनी हर इच्छा को ताक पर रख दिया था। उसका दिल जलने लगा। कैसे नौकरों से भी बदत्तर काम किया। पाँचों को नहलाना-खाना पका कर खिलाना... उन दिनों आज की तरह न होटल होते थे और न ही हमारे घरों में वह खाना लाया जाता था। कॉलेज में जाना कोई आसान

नहीं था। सुबह सात बजे घर से निकलना पड़ता... पाँच बजे उठकर आग जलाना। लकड़ी के चूल्हे पर खाना बनाना। धुएँ से आँखें जलतीं पर क्या करता। सब्जी काटते हाथ कट जाता। उन कटे-पटे हाथों में नमक, हल्दी, मिर्च, कभी साबुन लग जाता और कितना दर्द होता था। कॉलेज पहुँचने तक उगलियाँ अकड़ जातीं। वहाँ जाकर भी कितना काम होता था। लौटते हुए शाम के छह बज ही जाते थे। घर आकर खाना पकाना। दूसरे दिन की तैयारी करना... उस पर किसी को बुखार हो गया है और किसी को दस्त लग जाए करते थे। पाँचों को स्कूल में भर्ती करवाने से लेकर उनकी फीसें देने तथा न जाने कितने प्रकार की माँगें पूरी करता रहा। उसके मन में एक अजीब से दर्द की लहरें उठने लगीं। वह वहीं दिल पकड़ कर सुन्न-सा पड़ा रहा। मन इस बात को मानने के लिए तैयार ही न था।

वह अपलक मामी की फोटो की ओर देखने लगा। मानो कह रहा हो...मामी, आपकी सारी ड्यूटी मैंने पूरी कर दी। आपके पोता-पोते, नातिन सब आज विवाह कर माता-पिता बन चुके हैं किन्तु मुझे क्या मिला...? आपने पाँच-छह साल मुझे पाला होगा किन्तु मैंने पचास से भी ज्यादा वर्ष आपके बच्चों को खुशियाँ देते तथा उनकी परवरिश करते हुए रात-दिन एक कर दिए और उसका मुझे यह सिला मिला कि आज आपकी तीनों लड़कियाँ अपने परिवार के साथ और दोनों लड़के अपने-अपने परिवार के साथ शादी में गये और मुझे पूछा तक नहीं... मेरा क्या दोष था...? आपकी इच्छा सर्वोपरि रखते हुए कामाक्षी जो चुपचाप ईसाई लड़के के प्यार में पड़ गयी थी उसको रोका और अपनी जाति के लड़के के साथ विवाह कर दिया। उसे क्या नहीं दिया...। पैसा-जेवर सब दिया उसकी बेटी अंबू को एम.बी. ए. करवा दिया। इतना पैसा खर्चा किन्तु वह एहसान फरमोश निकली...

एक दिन दनदनाती आ गयी। किस तरह हलकी भाषा में कहने लगी 'आप अपने को समझते क्या हैं... मेरी माँ का ब्याह इतनी छोटी उम्र में कर दिया... पढ़ने नहीं दिया...'

बाला ने उसे पास बिठाया। बड़े प्यार से कहने लगा—'हम विवाह के लिए जन्मपत्री मिलाते हैं—अपनी जाति में...उसने बात बीच में ही काटते हुए कहा—जन्मपत्री को भूल जाइए जाति भी अब बेमानी है... आजकल विवाह ऑनलाइनों के माध्यम से होते हैं। लड़का-लड़की अपने ढंग से प्रश्नोत्तर करते हैं। मैं अपना विवाह अपनी इच्छा से करूँगी... आप क्या सोचते हैं कि मैं आपके कहे अनुसार विवाह करूँगी?'

'विवाह तो तुम्हारी इच्छा से होगा किन्तु परिवार हम ढूँढ़ेंगे...' बाला ने कहते हुए कनखियों से उसकी ओर देखा। उसके चेहरे पर कोई स्पष्ट भाव न थे। कितने

बोल्ड होकर कह रही थी–'मैं अपना फैसला दे रही हूँ–मानसिकता का मेल जरूरी है, सामंजस्य और सहचारिता ही मेरे लिए सबसे जरूरी है...आपके जाति-पाँति-धर्म नहीं... ।'

'हाँ, आज महिला सशक्तीकरण का जमाना भी है।' बाला ने कहा।

'सही कहा, जो इस काम को भी समाप्त करता है कि कोई उनके लिए वर ढूँढ़े... और बेमेल विवाह करने को मजबूर करे... अपनी बिरादरी से भी... अपने धर्म से भी जी हाँ... और मुझसे भी...जिसने तुम सबकी खातिर गृहस्थी नहीं जमाई...आज मैं अकेलेपन का शिकार हूँ...'

'जी, आप सही समझ लें... आपसे भी...' इतना कहकर वह जिस तरह दनदनाती आयी थी वैसे ही दनदनाती चली गयी...।

हताश बाला एक अजीब-सी खीज-कशमकश से भर गया। जब तक फ्लैट का पैसा भरना था दोनों माँ-बेटी किस तरह रोज मिलने आतीं... मीठा बोलतीं। जिसकी बाला पहले प्रशंसा करता नहीं थकता था आज पता चला कि दोनों बुड्ढे होते बाला से धन हथियाने के हथकंडे थे। यह चाल समझते ही उसका दिल जोर-जोर से दहाड़ मारकर रोने लगा। जानलेवा पीड़ा होने लगी। मन बारंबार यही कहता...अपना सब खत्म...

उसका मन नाना सवालों से भर गया। क्या मेरे सच्चे प्यार का मुझे यह अंजाम मिलेगा? क्या सच की जीत इस तरह होती है? क्या अपनी धर्म-जाति सब खत्म हो जाएगी? हमारे पक्के धर्मावलम्बी परिवार की लड़की ईसाई हो गयी... धीरे-धीरे हम भी अपना वजूद खो देंगे...? बाला का मन भारी होने लगा। वह एक असहनीय पीड़ा से ऐसे भरा कि उसे एनजाइना अटैक हो गया। सारा दिन उसी हालत में जमीन पर पड़ा रहा। दोपहर दो बजे महरी कमरे की सफाई के लिए आयी तो दंग रह गयी। उसके शोर मचाने पर पड़ोसी दौड़े आये। बाला को अस्पताल ले गये।

वहाँ इमरजेंसी केस के कारण आई.सी.यू में रखा गया। जब बाला को होश आया तो अपने को अस्पताल में देख उसे और भी दर्द होने लगा। अभी तक कोई आसपास न थे। शाम होते-होते मुम्बई में रहने वाला बड़ा भानजा शादी पूरी कर अस्पताल में आ गया था। डॉक्टर ने बताया कि उन्हें गहरा सदमा लगा है। डॉक्टर की बात सुनकर उसने डॉक्टर को बताया कि बहन की बेटी ईसाई लड़के से शादी कर रही है, इसलिए ऐसा हुआ है।

दोपहर को डॉक्टर राउंड पर आये तो कुछ देर बाला के साथ बातें करने लगे। बातों-बातों में उन्होंने सारी बात भाँप ली। बाला ने भी कुछ न छिपाया। जिनकी

इतनी परवरिश करने पर यह हश्र हुआ तो अब क्या...यदि उनको घर का लिहाज नहीं है तो उसे क्यों हो...

डॉक्टर ने आज के बदलाव के कई उदाहरण दिए और समझाया। और यह बदलाव कैसा है...सूचना के राजमार्ग पर जैसे-जैसे रोमांस बढ़ रहा है, सामंजस्यता ही मूलमंत्र बन गयी है। अभी तक तो जीव विज्ञान और अर्थव्यवस्था यानी परिवार और आर्थिक स्तर को बराबर-बराबर मात्रा में मिलाइए। इसमें पारिवारिक मूल्यों का छौंक लगाइए। रोमांस को बिल्कुल गोल कर दीजिए। व्यावहारिकता को अधिक महत्त्व दीजिए, इसे धर्म और जाति के घोल से गाढ़ा कीजिए, अब ग्रह और सितारों यानी कुंडली के साथ मिलाकर हिलाइए—भारत में अब तक तयशुदा विवाहों की यही छोटी लेकिन जाएकेदार विधि रही है।

रिश्तेदारों, ज्योतिषियों और रिश्ता तय करने वालों की तेजी से बढ़ती संख्या एक नयी मानसिकता का ही संकेत देती है।

डॉक्टर चला गया था किन्तु कई चिन्तनीय सवाल दे गया था। उसे यह नेट शिष्टाचार अच्छा नहीं लग रहा था। उसे बार-बार अपनी किश्ती डूबती-सी लगी।

शाम को गली के मुदलियार आये तो उनसे भी बात कर दुख हलका करना चाहा किन्तु उन्होंने बताया कि मेरी लड़की ने एक मारवाड़ी लड़के से शादी की है और बेटे ने पंजाबी पाकिस्तानी से। दोनों ने अपनी डफली अपना राग अलापा है केवल पैसे और अच्छी नौकरी के चलते किया है। आज सबको ठाठ-बाट और दौलत चाहिए...बस... पाकिस्तानी लड़की बेहद खूबसूरत और ऊँचे घराने की है। यह सुनकर बाला का मन डूबने लगा। क्या हो गया है हमारे संस्कारों को...

मुदलियार भी चला गया था किन्तु नहीं गया तो एक अनहोनी के खटके का दर्द। बाला को लग रहा था जिन बच्चों को कभी गर्म हवा भी लगने नहीं दी। उनकी हर सुविधा के लिए बैंक से कर्ज लेता और भरता रहा। जिन्हें पलकों पर बिठाये रखा। अपने जीवन के फूल समझ उनकी रक्षा करना अपना परम कर्तव्य समझा। एकाएक वे फूल त्रिशूल बनकर मेरे सीने को निर्ममता से छलनी करते जा रहे हैं...कोई उन्हें रोकने वाला भी नहीं है और न कोई रोक ही रहा है. छलनी छाती से खून के फव्वारे छूट रहे हैं... बाला अर्धमूर्च्छित-सा पड़ा सोच रहा है। एक दिन सब भूल जाएँगे कि किसी ने आजीवन अपने कर्तव्य को महान समझ अपना जीवन अपने धर्म पर निछावर कर दिया। उसका त्याग सब मिट्टी में मिल जाएगा...सीने का दर्द और तेज होने लगा...

अभी एक माह बीता था कि उसने अंबू का फोन नम्बर लिया और उसे फोन किया। अपनी मिलने की इच्छा प्रकट की।

उसी शाम वह आ गयी। काफी देर तक कमरे में चुप्पी बनी रही। फिर बाला ने उसे समझाया और कहा–

समय बड़ा बलवान होता है। शायद उस समय ऐसा ही कुछ था। आज मैं तुम्हें कहता हूँ–जब तक मैं जिन्दा हूँ तुम कभी भी किसी समय आ सकती हो। तुम्हारी बेटी को उसके हिस्से का मुझसे जो मिलना चाहिए, वह यह है इसे अपने पास रखो। सोने की दो अशर्फियाँ देखते ही अंबु की आँखों में चमक आ गयी। उसके सारे गिले-शिकवे खत्म हो गये। वह बड़े आदर और प्रेम से बोली–आप भी मुझे माफ कर दें मैंने भी आपको बहुत तंग किया और मुँह में जो आया कहा। इतना कह उसने पितातुल्य बाला के चरण स्पर्श किये। दोनों के मन अप्रतिम खुशी से भर गये।

खारे रिश्ते

एक-एक कर आस-पड़ोस की तमाम बड़ी-बूढ़ियाँ एकत्र होती जा रही थीं। वर्षा के उपरान्त अक्सर यह चलन था क्योंकि उस छतनार कटहल के वृक्ष तक धूप अच्छी पहुँचती थी। कोई अपने कपड़े तो कोई मिर्च-मसाले सुखाने के बहाने आपस में मिल बैठते। हरेक अपने खदबदाते पेट को खाली करने या सलाह-मशविरा लेने। किसी को बेटे से, किसी को बेटे के ससुराल वालों से। तो कई अपनी जवान बेटी के हाथ पीले करने की चिन्ता लिए होतीं।

अभी तक मिसेज नंबियार नहीं आयी थीं। उनकी बातों पर ही उनका यह मुखियापन टिका हुआ था। जब तक वे नहीं आतीं तब तक आधी से ज्यादा बातें व्यर्थ लगतीं।

आखिर श्रीमती नंबियार आ पहुँचीं। वह बड़ी खुश लग रही थीं। उनकी पड़ोसन मिसेज उन्नी ने पूछा—क्या बात है...जरा हम भी तो सुनें...

कोई और दिन होता तो नंबियार मिसेज उन्नी को खूब लताड़ती साथ ही पूरा हफ्ता उनकी हाँ में हाँ मिलाने वालियों को भी खूब खरी-खोटी कहने में तनिक न हिचकती। पर आज के दिन की तो उसे इन्तजार थी। हँसती हुई बोली—'अरे, आज मैं तुम सबको खुले दिल से दावत देने वाली हूँ। बात ही कुछ ऐसी है।'

इतना कहती हुईं मिसेज नंबियार वहाँ से उठकर बीच में आ बैठीं। सब उतावली हो रही थीं कि ऐसी कौन-सी बात है मिसेज नंबियार को दावत की घोषणा करने की नौबत ने आ घेरा।

तीन-चार मिनटों के बाद जब सबका ध्यान उसकी ओर हो गया तब उन्होंने कहा—'मेरी इकलौती बेटी रेशमी जिसे मैंने बड़े लाड़-प्यार से पाला उसके लिए वर भी मेरी इच्छानुरूप मिल गया है। बड़ा घर बड़ा परिवार है सास-ससुर बहुत ही अच्छे हैं। ब्याह की तारीख पक्की हो चुकी है। आठ दिसम्बर...।'

सब औरतें अवाक् हो देखती-सुनती रहीं। कई तो मन-ही-मन जल रही थीं क्योंकि उसके सारे काम उसकी इच्छानुरूप हो जाते थे। मुहल्ले की कई लड़कियों को उचित वर नहीं मिले थे।

उसे रेशमी के लिए वैज्ञानिक डॉलर दूल्हा मिल गया था। इस बात को खूब रसीले ढंग से बताने लगी। एक ने यह सुनकर कहा—'इसमें इतराने की बजाए साँस रोककर रखो। ये रिश्ते देखने-सुनने में जितने अच्छे और मोहक लगते हैं उतने होते नहीं।'

उसकी बात सुनकर सन्नाटा छा गया। फिर नंबूदरी ने कहा—'बात तो वत्सला ने सोलह आने सही कही है। यह डॉलर दूल्हे नजर का धोखा हैं।'

मिसेज नंबियार को यह सुनकर बेहद बुरा लगा। वे वहाँ से यह कहकर टल गयीं कि उसे बहुत काम पड़ा है।

घर आकर वह अपने जान-पहचान वालों से पूछताछ करने लगीं।

'आप क्यों इतनी बौखलाई हुई हैं', बेटी ने पूछा।

तुम्हें क्या बताऊँ। जब मैंने सबको यह बताया कि हमें डॉलर दूल्हा मिल गया है तो खुशी की जगह मुझे सावधान कर दिया है।'

माँ की बात सुन रेशमी ने बात हवा में उड़ाते हुए कहा—'वे सब जलती हैं।'

'नहीं, वे जलती नहीं हैं।' गम्भीर होते हुए नंबियार ने कहा।

'फिर...?' अवाक् हो रेशमी ने पूछा।

'जरूर कुछ ऐसा हो रहा है जिससे हम अनभिज्ञ हैं। मैं पता लगाकर रहूँगी।'

'कैसे...?' बेटी ने पूछा।

'जिनकी बेटियाँ बाहर ब्याही हैं।'

उस दिन से नंबियार का सुख-चैन का रूप बदल गया। उसने डॉलर दूल्हों की सच्चाई का पता लगाना था। उसने बड़ी चतुराई से होने वाले दूल्हे के मित्रों का पता लगा लिया था। ब्याह की तारीख आगे बढ़ा दी और अपने बात करने के लहजे में बदलाव कर दिया। बेटी को माँ का यह व्यवहार बेहद बेतुका लगा। बड़ी मुश्किल से अच्छा, उसके मन मुताबिक रिश्ता मिला फिर माँ ही अड़चन डालने लगी हैं।

रेशमी को अपने सपने टूटते हुए दिखाई देने लगे। उसने पिता से अपने मन की बात कही और माँ पर रोक लगवा दी। पिता ने लड़के से खुलकर बात की तो उसने साफ कह दिया—'देखिए, मैं पिछले नौ सालों से यहाँ रह रहा हूँ। अब तो मेरा स्वभाव तथा संस्कृति विदेशी हो गयी है। अगर आपकी बेटी को यह मंजूर है तो आगे बढ़िए अन्यथा रिश्ता समाप्त कर दीजिए।'

लड़के के दो टूक जवाब पर सारा परिवार सोच में पड़ गया।

रेशमी ने इस मानसिकता को स्वीकार कर लिया। यह बात अब मात्र घर की न रह गयी थी। अतः अड़ोस-पड़ोस के सब लोगों ने उसे इनकार करने की सलाह

दी। इतना सब हो जाने पर भी रेशमी उसके प्रति रेशम की तरह फिसलती चली गयी।

विवाह कर रेशमी न्यूयॉर्क चली आयी थी। घरवाले साँस रोके इन्तजार कर रहे थे। ऐसी कोई दिल दहलाने वाली बात नहीं हुई। कोई घातक जानलेवा खबर नहीं आयी। धीरे-धीरे सब अपनी दिनचर्या में व्यस्त हो गये।

समय के साथ-साथ रेशमी को सत्य का पता लगने लगा। वैज्ञानिक होने के नाते घर कभी आता कभी नहीं आता। वहीं गेस्ट हाउस में सो जाता। उसे घर की जिम्मेदारी का एहसास नहीं था। रेशमी ने इस तथ्य को सहर्ष स्वीकार कर लिया। उसने हर प्रकार से अपने को आत्मनिर्भर बना लिया। घर-गृहस्थी की सारी जिम्मेदारी पूरी करना सीख लिया।

एक दिन वह घर के लिए खरीदी-फरोख्त करने मॉल गयी। वहाँ काम खत्म कर घड़ी पर नजर डाली तो पाँच बज रहे थे। सोचा अगली बिल्डिंग में जयगोपालन का लैब है क्यों न पति को सरप्राइज विजिट दूँ। पत्नी भी तो प्रेमिका की तरह मिलने जा सकती है। इस विचार के कौंधते ही उसने अपने को मॉल के बॉशरूम में जाकर दर्पण में निहारा। बहुत सुन्दर लग रही थी।

रेशमी की छुटपन से ही आदत थी कि जब भी निकलती खूब सज कर निकलती। उसने अपने को फिर निहारा, हरा रंग कुछ ज्यादा ही उसके चेहरे को निखार रहा था।

लैब में पहुँची तो पता चला कि लैब पाँच बजे बन्द हो जाती है।

'डॉ. जयगोपालन कहाँ हैं?'

'गेस्ट रूम में हैं।'

वह लैब अटिंडर को धन्यवाद कर गेस्ट रूम की ओर बढ़ गयी।

कॉलबेल बजाई तो दरवाजा रूथ ने खोला। 'ओह, कम...कम...वट ए सरप्राइज..., रूथ के स्वर पर जयगोपालन भी सामने आ गये। 'ओह तुम, यहाँ कैसे...?'

'यह भी तुम्हारी असिस्टेंट है...?'

'हाँ...'

रेशमी को बेहद अपमान महसूस हुआ। उसने बस इतना ही कहा—'मॉल में आयी थी। सोचा आपको सरप्राइज दूँ। बस अब मैं चलती हूँ।'

'हाँ, तुम चलो, मैं एक घंटे तक आ जाऊँगा।'

रेशमी के पैर सीधे नहीं पड़ रहे थे। उसे ऐसा झटका लगा कि रोना फूट गया। क्या करे मन में निराशा भरने लगी। पाँच बजे तक लैब बन्द हो जाती है

तो उसके बाद दिल किया तो घर आ गये नहीं तो मनचाही जिन्दगी।

अपने कहे अनुसार एक घंटे बाद जयगोपालन घर आ गया था। उसने आते ही रेशमी को अपनी बाँहों में भरकर जोर से अपनी ओर खीचते हुए कहा–'तुम्हें कोई शॉक नहीं लगना चाहिए। अच्छा हुआ तुम आ गयी। मैं तुम्हें बताना। दिखाना चाहता था। पर देखने से सारी बात समझ में आ जाती है।'

रेशमी का मन खट्टा था। वह कुछ न बोली किन्तु पति ने उसे छोड़ा नहीं। उसपर चुम्बनों की बौछार करते हुए अन्दर खींचकर ले गया।

'मुझे हाथ मत लगाओ।'

'मैं तुम्हें भी बहुत चाहता हूँ। तुम मेरी हो। हमेशा के लिए मेरी...' ये तो कभी-कभी होती हैं।' रेशमी को उसने बहुत समझाया।

रेशमी सुनती रही।

'मैं कुछ छिपाना नहीं चाहता।'

जयगोपालन ने उसे सब दिया जो एक पत्नी को मिलना चाहिए. उसके बलिष्ठ भुजपाश में रेशमी को आनन्द आने लगा। वह उसी तरह करने लगी जैसे पति चाहता था।

सुबह तक रेशमी ने सोच लिया कि वह भारत नहीं जाएगी यहीं रहेगी। इसी के साथ। वह जो करे उसे कोई शिकायत नहीं है। कौन कह सकता है कि भारत में रहने वाला ऐसा सम्बन्ध नहीं रखता होगा। कम-से-कम मेरे साथ ईमानदार तो है।

उस दिन से रेशमी अपने को सहेज कर स्थिति के साथ समझौता करने लगी।

वह कैसे भी है। मुझे प्यार भी करता है और झूठ नहीं बोलता। वह सोच ही रही थी कि जयगोपालन उठकर उसके पास आ गया और उसे आगोश में भर लिया।

उसने कहा, 'आप विदेशी हो गये हैं पर मैं भारतीय नारी ही रहूँगी।'

जयगोपालन ने उसे बोलने ही नहीं दिया। बस इतना ही कहा–'तुम जो करना चाहो मुझे मंजूर है।' पत्नी को खींचकर बॉलकनी में ले गया।

'आज मैं देर से जाऊँगा। तुम मेरे लिए एक नया नशा हो...'

गर्क होते रिश्ते

जब नैना को पता चला कि उसकी बचपन की सहेली फिलीपींस से बंगलौर आयी हुई है तो सोचा चलो, मिल आऊँ, नौकर को बुला कर ड्राइवर को कार तैयार करने को कहा तथा चाय लाने का आदेश भी दिया। फिर एकाएक मन बदल गया। उसने किसी जान-पहचान वाले को फोन कर शतरूपा के बारे में पूछा कि वह कहाँ ठहरी है। उसकी बातों से पता चला कि मायके की जाएदाद के लिए घर में झगड़ा हो गया है और उसी सिलसिले में ससुराल वालों ने उसकी बेटी कृपा को पानी में डुबाकर मारने की कोशिश की। किन्तु आज की लड़कियाँ किसी से डरती नहीं हैं। उनके किए की खबर ऐसी दी कि उनकी खटिया खड़ी हो गयी है।

फोन बन्द कर वह सोचने लगी। कृपा को मारने का प्रयास...ऐसी हालत में तो लोग दुश्मन की खबर भी लेता है फिर मैं तो बचपन की सहेली ठहरी।

नौकर चाय ले आया था। चाय के कप के साथ फिर विचार बदल गये...पर क्यों जाऊँ उसने मुझे कभी कुछ नहीं बताया। माना कि वह वैज्ञानिक है। उसका रुतबा है। पर हम भी क्यों जाएँ... हम भी कोई ऐरेगैरे थोड़े ही हैं। ऐसे वैज्ञानिकों को तो हम नौकरी देते हैं। आजतक मैं ही सदा पहल करती रही। अब बस, बिन बुलाये तो नहीं जाऊँगी।

आजकल मैसेज की कई सुविधाएँ हैं।

वह भी तो किसी सूचना ब्यूरो में कार्यरत है। शायद किसी दफ्तरी काम से आना हुआ होगा...दक्षिण भारत के कर्नाटक राज्य की राजधानी बंगलौर एक ऐतिहासिक शहर है लेकिन पिछले कुछ वर्षों से सूचना प्रौद्योगिकी के मुख्य केन्द्र के रूप में जाना जाता है।

कम्प्यूटर साफ्टवेयर की कई कम्पनियाँ यहाँ स्थित हैं। अब यह शहर आई. टी. विशेषज्ञों के सपनों का शहर कहा जाता है।

उसे कितनी बार बंगलौर विश्वविद्यालय में मुख्य अतिथि के रूप में आमंत्रित किया गया है। उसने सदा मेरी कोई-न-कोई बात का उदाहरण देकर अपनी बात की पुष्टि की है। विचारों ने करवट बदली। जाना तो जरूर चाहिए। सुख में भले

न जाए पर दुख में तो अवश्य जाना चाहिए। फिर शतरूपा तो उसकी बचपन की सहेली है। हम दोनों साथ पढ़े थे। उसकी और मेरी शादी भी एक ही साल में हो गयी थी। वह अपने समृद्ध परिवार में खुश थी और मैं भी अपने समृद्ध परिवार से सन्तुष्ट थी। शतरूपा ने अपनी इकलौती बेटी के लिए क्या-क्या नहीं किया था. समधियों का घर भर दिया था। समधी माँगें या नहीं पर खूब भर-भर कर बारातियों को भी दिया था। सोने का अंडा देने वाली मुर्गी को हलाल कर दिया। उसके चेहरे पर विषैले भाव दिखने लगे। कितना समझाया था शतरूपा को कि एक साल रच बस जाने दे बिटिया को फिर देती रहना। पर जी नहीं अपनी दरियादिली, अपनी रईसी, अपनी शानोशौकत दिखाने लगी। अभी नैना ख़यालों में डूबी हुई थी तो ड्राइवर ने बताया कि कार तैयार है।

कार सरपट नाइस रोड पर हवा से बातें करने लगी। शतरूपा के वाक्य उसे याद आने लगे—उसने ही तो नैना को सेंट टामस विश्वविद्यालय में आमंत्रित किया था। जिसमें उसने अपने भाषण में द्वीपों के देश फिलीपींस की प्रकृति की जी खोल कर प्रशंसा की थी। उस दिन से बंगलौर की हरियाली और रंग-बिरंगे फूलों की चादर ओढ़े बंगलौर की प्रशंसा करती नहीं थकती। कुदरत ने बंगलौर तथा फिलीपींस में तरह-तरह के पेड़-पौधे, सुहाने मौसम से भर दिए हैं। कार दौड़े जा रही थी पर नैना का मन फिलीपींस के प्राकृतिक नजारों को स्मरण करने लगा. सात हजार से अधिक द्वीपों के देश में कुछ ऐसे भी क्षेत्र हैं जहाँ महज पेड़-ही-पेड़ हैं।

फिलीपींस प्राचीनकाल से ही चीन और जापान जाने का एक सुन्दर रास्ता रहा है। वह बोलती जा रही थी इतना तो वहाँ के लोगों को भी पता न था। सुदूर यूरोप के नाविक व्यापार के लिए यहाँ आते रहे। इन नाविकों के स्मृति चिह्न यहाँ जगह-जगह देखने को मिल जाते हैं। यहाँ के परम्परागत साँसकृतिक कार्यक्रमों में दक्षिणपूर्व एशिया की संस्कृति झलकती है।

फर्नूनांड भजेलान नामक पुर्तगाली नाविक को इस द्वीप का खोजकर्ता माना जाता है। जो यहाँ के सिवु शहर में 1521 में पहुँचा था। इसके बाद स्पेन से मिगुयेल लोपेज डि लेगाजयी नामक नाविक यहाँ आया और उसने यहाँ के आदिवासियों को जोड़कर अपनी एक कॉलोनी बसाई। धीरे-धीरे स्पेनिश सभ्यता और संस्कृति की स्थापना हुई और देश को एक सूत्र में बाँधने के कुछ प्रयास हुए।

यहाँ का इतिहास भी रोचक है। स्पेनिश लोगों ने लगभग 300 साल तक यहाँ राज किया। 19वीं सदी में डॉ. जोसे रिसाल की क्रान्ति ने फिलीपींस को 1898 में स्पेन से आजाद किया।

अमरीका ने स्पेनिश का कब्जा समाप्त कर अपनी सत्ता जमाई। इस तरह फिलीपींस अमरीका कॉमन वैल्थ देश बन गया। देश में आजादी की लड़ाई चलती रही। ब्रिटेन ने भी 1762 में मनीला पर कब्ज़ा किया और भारत से बागी सिपाहियों को लाकर यहाँ छोड़ा गया। आज भी यहाँ एक जनजाति है जो सिपाही कहलाती है। मैं उसी जनजाति की हूँ... मुझे यहाँ की राष्ट्रभाषा तगालक आती है... नैना के विचारों ने फिर पलटा खाया। शतरूपा को क्या कहकर सान्त्वना दूँगी... कैसे होगी...बात कर पाऊँगी कि नहीं। बेटी की गृहस्थी टूटने का अर्थ होता है परिवार का टूटना। कार दौड़े जा रही थी। विचार भी उसी तरह दौड़ते जा रहे थे। कृपा कह भी रही थी कि जल्दी क्या है। शादी हो जाएगी परन्तु माता-पिता को बस हाथ पीले करने की पड़ी होती है।

शतरूपा का घर आ गया था। नैना की रूह काँपी। हाथ ठंडे होने लगे। दिल घबराने लगा। जी में आया कि उतरूँ न बस बैठी रहूँ। कैसे उसका सामना करूँगी।

गेट पर खड़े प्रहरी ने गेट खोला। महलनुमा कोठी। दूर तक फैला बगीचा। घर देखते ही दामाद को अपनी किस्मत का दरवाजा खुलता हुआ दिखा होगा... पोर्टिको आ गया था। वह कार से उतरी और बैठक में गयी।

नैना को सामने देख शतरूपा आकुल-व्याकुल हो दौड़ती-सी गले लगी और दहाड़ मारकर रोने लगी। शायद इसी कन्धे का इन्तजार था। बहुत देर तक बिसूरती रही। लगभग आधे घंटे के बाद दोनों थोड़ा सहज हुईं। एक भयावही खामोशी कक्ष में पसरी रही। क्या बात करे बोल फूट ही नहीं रहे थे।

कुछ देर दोनों चुप बैठी रहीं। इस बीच नौकर चाय ले आया था। चाय की उन दोनों को तलब हो रही थी। शतरूपा का रो-रोकर सिर भारी हो गया था। नैना भी तीन घंटे का सफर तय कर आयी थी। शतरूपा के साथ उसके दर्द से वह भी कमजोर महसूस कर रही थी। गर्म चाय की चुस्की ने राहत दी।

'कैसी हो शतरूपा, मुझे बताया तक नहीं कि फिलीपींस से यहाँ आयी हो...? मुझसे क्यों दूर भागती हो, बस इसलिए कि मैंने इस रिश्ते को बेमेल कहा था? मैं समझ सकती हूँ कि तुझ पर क्या बीत रही होगी।'

'नैना, सच मैंने तेरी बात न मानकर बड़ी गलती की। उन्होंने दहेज की जरा भी माँग नहीं की थी फिर भी मैंने खूब भर-भर कर दिया था। गहने सबको भारी-भारी सोने के ही नहीं हीरे के भी दिए थे। चारों ननदों को हीरे के सेट दिए थे। अब वे कृपा को इतना तंग कर रहे हैं कि क्या बताऊँ...?

'तंग किसलिए कर रहें हैं...?' नैना ने पूछा।

'कहते हैं', वह तनिक रुक गयीं, 'कहते हैं कि आधी जाएदाद आज ही दामाद के नाम कर दो। हमने उनसे कहा भी कि तीनों भाइयों के बच्चे ब्याहने लायक हो जाएँगे तब बँटवारा करेंगे। उस समय कृपा का हिस्सा उसको दे दिया जाएगा, लेकिन वह मानता ही नहीं है। उन्होंने एक ही रट लगा रखी है। हिस्सा अभी दे दो। पहले कृपा टालती रही, पर जब नहीं माने और कृपा को डराने-धमकाने के अलावा जलाने-डुबाने का प्रयास किया तो खौफ खाई बच्ची ने पुलिस रिपोर्ट कर दी। उसी सिलसिले में मैं बंगलौर आयी हूँ। अब और नहीं, कृपा ने तलाक का फैसला कर लिया है। अगले हफ्ते हम बंगलौर से चले जाएँगे। वकील ने केस फाइल कर दिया है।'

शतरूपा ने कृपा को आवाज दी। कृपा बाहर आ गयी। उसमें कोई फर्क नहीं आया था। उसी तरह पतली-दुबली गोरी, प्यारी-सी कृपा को गले लगाकर प्यार करते हुए नैना ने पूछा—'अपने निर्णय से खुश हो...?'

'बिल्कुल।'

नैना, मन-ही-मन दाद दे रही थी। तुमने पहले क्यों नहीं बतलाया?

मैं उन्हें समझा रही थी।

नैना कृपा को देखती खड़ी रही। आगे क्या इरादा है।

वह फीकी मुस्कान देकर अन्दर चली गयी।

बेशर्म

'शादी के बाद भी मैं अपनी पढ़ाई पूरी करूँगी.'

एनी ने पास बैठते हुए कहा।

जॉन हँस पड़ा, 'अरे, यह भी कोई कहने की बात है। मेरे दिल की बात ओठों पर से तुमने छीन ली। मैं आज तुम्हारे मम्मी-डैडी से शादी की तारीख पक्की करवाने आया था।'

एनी का चेहरा सुर्ख हो गया। दोनों कानों का रंग भी। वह शरमा गयी।

'क्या करूँ?' एनी ने लजाते-मुसकाते हुए कहा। 'न जाने कब तक इन्तजार करना पड़ता तुम्हारी पहल का?'

'क्या आप इस नाचीज को भी कुछ कहने का अवसर देंगी। जॉन ने हँसते हुए नाटकीयता से कहा।

'बशर्त है कि मुझे एम.फिल., पीएच.डी. और डी.लिट्. करने की पूरी अनुमति होगी।' एनी ने भी हँसते हुए पक्की तरह कहा।

'कितनी पढ़ाई करोगी, छोड़ो भी मस्ती करेंगे, नाचेंगे-गाएँगे। विवाह के बाद रोमांस करेंगे।' जॉन ने उपदेशात्मक स्वर में कहा।

'आज मैं पूरी तरह से रोमांस के मूड में हूँ। अनावश्यक बातों से माहौल तथा मूड खराब मत करो।'

'देखो, डैडी आ रहे हैं मुझे अपना काम करने दो।' डैडी के साथ वह बड़े आदर के साथ मिला। डैडी ने मम्मी को बुलाते हुए जॉन के लिए चिकन कबाब लाने को कहा और स्वयं वाइन लाने के लिए बार की ओर चल पड़े।

वाइन का गिलास पकड़ते हुए जॉन ने कहा, 'डैड, पहले एक काम की बात फिर चीयर्स करेंगे।'

'यस माई सन' डैड ने कहा और उसकी ओर देखने लगे।

'मैं आने वाले संडे को मैरिज करना चाहता हूँ, एनी भी तैयार है।' इतने में मम्मी भी ट्रे लिये वहाँ आ गयी थीं। उन्होंने बात सुन ली थी। हँसते हुए कहा—'यह तो बड़ी अच्छी बात है।' एनी भी वहाँ आकर बैठ गयी। चर्चा शादी

की तमाम कार्यवाही और दायित्व के साथ समाप्त हुई। परस्पर बधाई देकर जॉन ने एनी के साथ पब में जाने की बात कही और अनुमति लेकर दोनों चले गये।

पब में काफी चहल-पहल थी। म्यूजिक भी धीमा-धीमा वातावरण को सरूर दे रहा था। दोनों ने अपने को वहाँ अपने ढंग से फिट किया और आनन्द लेने लगे।

'देखो', अचानक जॉन ने एक नये जोड़े को मस्ती करते हुए देखकर कहा। 'कितनी सुन्दर लड़की है दूर से ही मन खींच लेती है।'

एनी चिढ़ गयी। 'अभी तो तुम मेरे मम्मी-डैडी से कहकर आये हो कि एनी सबसे सुन्दर है...यहाँ आते ही रंग बदल लिया। गिरगिट हो गिरगिट...'

'मैंने ऐसा तो नहीं कहा कि तुमसे ज्यादा खूबसूरत है।'

बात आयी गयी हो गयी, पर एनी सोच में पड़ गयी कि शादी करे या न करे?

जॉन अक्सर दूसरी ब्याही-अनब्याही सुन्दरियों को देख भटकने लगता था। ऐसा कोई पहली बार नहीं हुआ था पर पहले की बातों को नजरअन्दाज किया जा सकता है, किन्तु आज, जो विवाह की तारीख पक्की करने का महत्त्वपूर्ण दिन था। कम-से-कम अपना ध्यान अपनी होने वाली बीवी की ओर बनाये रखता।

एनी को थोड़ा उदास और थोड़ा नाराज देख जॉन ने कहा, 'कभी बात मजाक में भी ले लिया करो। आगे से ऐसे मजाक नहीं करूँगा।'

'यह मज़ाक नहीं था, यह गलती थी।' बात बिगड़ती और एनी का चेहरा देख जॉन भी दुविधा में पड़ गया। एकाएक उसने फिर कहा, 'अगर हँसोगी नहीं तो मैं तुम्हें बहनजी कहूँगा फिर रिश्ता भी बदला जाएगा।'

जॉन की इस बात पर वह हँस पड़ी। 'तुम्हारा पता नहीं चलता है। मुझसे प्यार करते भी हो या नहीं। शादी के पहले से जान लो कि मैं पति शेयर नहीं करती और मुझे बहुत ईर्ष्या होती है जब मेरा पति किसी दूसरी को हसरत भरी निगाह से देखे। पति चोरनियाँ भी आजकल बहुत हो गयी हैं। मैं बहुत घबराती हूँ।'

'यह तो बहुत अच्छा है। मुझे जलने वाली सुन्दरियाँ बहुत भाती हैं, क्योंकि इससे उनके प्यार की गहराई का पता चलता है।' एनी ने तीखी नजरों से उसे देखा तो वह जोर-जोर से हँसने लगा।

शादी की तमाम रस्मों के बाद चर्च से घर आये तो एनी की सहेलियों ने एनी को विशेष ढंग से सजाए और उसके शयनागार में पहुँचा दिया।

कक्ष को देख एनी हैरान रह गयी। चारों ओर हसीनों के अधखुले अंगों वाले बड़े-बड़े पोस्टर लगे थे। उनकी विभिन्न मुद्राएँ आमंत्रित करती-सी लगती थीं।

पढ़ाकू एनी की आँखों के सामने अँधेरा-सा छाने लगा। वह पलँग पर बैठ गयी।

जॉन आयीटी कम्पनी में बड़े पोस्ट पर था। पैसा और ज्ञान की कोई कमी नहीं थी।

पर देखने में सीधा लगने वाला इतने कामुक स्वभाव का...? उसे कुछ पच नहीं रहा था।

'मेरी सपनों की रानी मेरे इस प्रेम भरे कक्ष में स्वागत है।' इतना कहकर गले लगा लिया। अपने गले से सोने की चेन उतार एनी के गले में डाल दी। एनी चुपचाप शरमाती हुई खड़ी रही।

'मेरा प्यार भरा कक्ष पसन्द आया?'

'सारी उम्र हमें संग रहना है...'

'बिल्कुल सही।' जॉन ने कहा।

'फिर सारे पोस्टर हटाने होंगे।'

'तुम्हारे आने से पहले ये मेरे सपनों की रानियाँ थीं। अब जब तुम आ गयी हो तो इनको विदा कर दिया जाएगा। अब सारे पोस्टर तुम्हारे लगवा दूँगा।'

'मेरे पोस्टर?' एनीं ने हैरान होते हुए कहा।

'हाँ, तुम्हारे पोस्टर...मैं एक पोस्टर बनाने वाले को जानता हूँ, अलबर्ट, वह बहुत सुन्दर फोटोग्राफर है।'

'तो...?' एनी ने पूछा, 'वह तुम्हारा फोटो सेशन करेगा। तुम पति हो कि सेल्स एजेंट?'

'क्यों तुम्हारे पोस्टर नहीं बन सकते, मेरी दिलरुबा', कहते हुए उसे बाँहों में भर लिया।

'मैं इतनी बेशर्म नहीं हूँ।'

'सुन्दरता गॉड ने दी है तो उसका सुख लो। इसमें बेशर्म होने की बात कहाँ से आ गयी...बहनजी।'

बहनजी शब्द अब चिढ़ाने और यह बताने के लिए कहने लगा कि तुम कितनी ओल्ड फेशन हो।

'शरीर के अंगों का प्रदर्शन करना इनका व्यवसाय है। ये इसी के लिए मॉडलिंग करती हैं। इन्हें पैसा चाहिए पर मुझे इस तरह के पैसे की जरूरत नहीं।'

'मैं जब तुम्हारे पोस्टर बनवाऊँगा और लगवाऊँगा तो लोग जल मरेंगे।'

'तुम्हारा मतलब है कि कमरे में जो आएगा वह मेरे सेक्सी पोस्टर देखेगा...'

'हाँ, तुम हो ही सेक्सी अच्छा, चलो, छोड़ो इन बातों को ऊपर छत पर चलते हैं। खुली छत पर चाँदनी में पहली रात खुल कर बिताते हैं।' जॉन ने कहा।

एनी को पति के आइडिए बड़े बेशर्मी वाले लगे।

'नहीं।' एनी ने कहा।

'मुझे क्या मालूम था कि तुम ऐसे अच्छे रोमांटिक काम में पति का सहयोग नहीं दोगी।' एनी कुछ सोच में पड़ गयी। जॉन ने कन्धे पर हाथ रखते हुए कहा, 'मन को भटकने मत दो। कब से इन्तजार कर रहा हूँ।'

एनी सेक्स के नाम से घबराती थी। घर में कुछ ऐसा ही वातावरण था। सेक्स की बात कभी नहीं की जाती थी। इस विषय को बहुत बुरा माना जाता था। जॉन ने जब स्पर्श किया तो वह सिहर गयी।

अगले कुछ दिनों में एनी ने महसूस किया कि जॉन के तीन चेहरे हैं। ऑफिस में शेर, बाहर शालीन सौम्य भेड़ और रात में साँड।

एनी का ध्यान पढ़ाई पर था। वह अपने ढंग से जीने लगी। इन्हीं दिनों दो पोस्टर लाकर कक्ष में टाँग दिए तो उसे देख एनी शरमा गयी। उसे पहले तो गुस्सा आया पर फिर अपने पोस्टर अच्छे लगने लगे। शायद उसे भी बदलने की चाह होने लगी।

एक दिन वे दोनों पिक्चर जा रहे थे। कार लालबत्ती पर रुकी तो उसकी निगाह पास खड़ी लड़की पर पड़ी। लड़की ने ऐसी शर्ट पहनी थी कि उसके गोरे उन्नत उरोज थोड़े दिखाई दे रहे थे। पति की नजरें वहीं टिक गयीं। एनी कभी पति को तो कभी आसपास खड़े ट्रैफिक को देख रही थी।

हॉर्न पर हॉर्न बज रहा था। वह आगे बढ़ गयी तो जॉन भी ऐसे चला मानो उसका पीछा कर रहा हो। 'क्या देख रहे थे।' चिढ़ते हुए पूछा।

'लो, यह भी कहने-बताने की चीज है...देखने की चीज न देखें तो बुद्धू कहलाएँगे।'

'किसी दिन किसी ने पीट दिया तो मिस्टर जी, छठी का दूध याद आ जाएगा।'

'तभी तो शादी की मुहर लगा ली है।' जॉन ने मसकरी करते हुए उत्तर दिया।

एक दिन जॉन के प्रिय मित्र की शादी की पार्टी थी। उन दोनों को आमंत्रित किया गया था। पार्टी बहुत भव्य तरीके से चल रही थी। जॉन ने वेटर को बुलाकर बड़ा पेग बनाकर लाने को कहा।

'भुक्खड़ों की तरह ज्यादा मत पीना। एनी ने सावधान किया।

'न तुम पीने देती हो, न साथ देती हो, न पोस्टर बनाने देती हो। जीवन मरु बना दिया है। जो दिखती हो वह हो नहीं।'

'कैसी दिखती हूँ?'

'दिखती तो रसीली, पर हो नहीं। पूरी बहनजी हो। अब उपदेश मत दो नहीं

तो रेड लेबल का मजा और नशा काफूर हो जाएगा।' जॉन ने दबे स्वर में कहा और बार की तरफ दोस्तों में जा खड़ा हुआ।

एनी हॉल के सोफे पर बैठ गयी। उसके मन में कई विचार उठने लगे। एकाध घंटे के बाद किसी ने उसे पुकारते हुए कहा—'मिसेज डिसूजा, अपने पति को सँभालो। देखो, कितनी उलटियाँ कर रहा है।'

एनी दौड़ी। जॉन बहक गया था। लड़खड़ाता हुआ आगे खड़ी किसी युवती के कन्धे पर हाथ रखा और फिर लुढ़क गया।

'हम चलते हैं।' एनी ने मित्र को कहा।

'जॉन को कोई पहली बार थोड़े ही ऐसा हुआ है, वह तो हर बार इसी तरह लुढ़कता है। संयम खो देता है। मित्र ने माहौल को सहज करते हुए कहा। सबने मिलकर जॉन को बिस्तर पर लिटाया। लगभग दो घंटे की नींद लेकर जॉन उठ बैठा। उसे किसी तरह कोई शर्मिंदगी नहीं थी अपितु हँस-हँसकर बातें करने लगा।

घर आते वक्त एनी ने कोई बात नहीं की। रात को भी वह चुप रही। उसकी चुप्पी देख जॉन ने कहा—'माफ कर दो कभी-कभी ऐसा हो जाता है।' एनी उसी तरह चुप रही।

दो माह तक एनी की चुप्पी बनी रही। एक दिन एनी का मन बहलाने के लिए जॉन ने उसके सामने एक लिफाफा पटकते हुए कहा—'मॉरिशस चलने की तैयारी कर लो। हवाई जहाज के दो टिकट हैं। रहने का प्रबन्ध हो चुका है।'

किस ने किया है यह बन्दोबस्त? एन्नी जानती थी कि किसी न किसी तरह कोई न कोई जुगाड़ करने में माहिर है। 'इससे तुम्हें क्या... 'लापरवाही से जॉन ने कहा।

मॉरिशस पहुँच कर एनी और जॉन समुद्र तट का आनन्द लेने लगे। बीच पर सैलानियों का जमघट लगा हुआ था। सब विदेशी पर्यटक थे। जिन्होंने छोटी-छोटी चड्डी पहन रखी थीं। अधिकांश नारियाँ बिकिमी पहने थीं। एनी लजाने लगी। एक ऐसा भी दृश्य था जिसे जॉन मजे लेकर एकटक देख रहा था। और एनी मरे जा रही थी। दो-तीन नारियाँ धूप में सनबॉथ लेती हुई उलटी नंगी लेटी हुई थीं। वे बेझिझक थीं, दुनिया से बेखबर अपने में थीं। पति पर निगाह डाली। वे एकटक उसी तरफ देख रहे थे। मन में आया कौन बेशर्म है, पति या वे नारियाँ? उन नारियों के संस्कारों तथा समाज में कुछ अनुचित नहीं था। पर वह तो भारत में जन्मी पली है। उस नजरिए से यह विषय विचारणीय था। हालाँकि जॉन भी भारत में पला-बढ़ा है पर अपने को अंग्रेज समझता है। उसके बोलने का अन्दाज भी उन जैसा है।

एनी को आगे सब नंगे नर-नारी ही दिखाई दे रहे थे। उसने झट कहा—चलो वापस।

जॉन ने नहीं सुना।

एनी ने फिर दोहराया। पर जॉन अपने में खो सा गया।

'चलो...'

'कहाँ चलना है। अभी-अभी तो आये हैं जरा नजारों का लुत्फ तो उठाओ।

'मुझे बहुत शर्म आ रही है।' कहते हुए वह मुड़कर चली गयी। जॉन वहीं चोर नजरों से चारों ओर देखता हुआ बैठ गया।

पूरे तीन घंटे के बाद जब होटल आया तो कमरे का दरवाजा अन्दर से बन्द था। घंटी मारी तो भी दरवाजा नहीं खुला। वह नीचे लॉबी में आ गया। नजारों का अन्त न था। रोमांस ही रोमांस था। कुछ समय बाद जब कमरे में आया तो कमरे का दरवाजा खुला था।

जॉन ने तनिक प्रेम का इजहार करना चाहा तो एनी ने उसको परे धकेलते हुए कहा, 'तुम ऐसे तो कभी न थे?'

'और...तुम भी कभी रूखी-सूखी न थीं। कहाँ गयी तुम्हारी खनकती हँसी, छेड़खानी...मनमोहक अदाएँ जिन पर मैं मरता था?'

'तुम्हारी बेशर्मी के कारण सब खत्म हो गयी हैं।'

'कौन-सी बेशर्मी...?'

'तुम जो मुझे धक्का दे देती हो दोनों में तकरार ज्यादा होने लगे। जॉन ने बात का रुख बदलते हुए कहा, 'कल सुबह हम दोनों भी बीच पर सनबाथ लेंगे। तुम अगर आनाकानी कर दूर भागीं तो हमारा रिश्ता खत्म।'

एनी उसकी ओर ध्यान से देखने लगी। वह गम्भीर था अपनी बात पर।

'अगर न पहनूँ तो..?'

'तो हम कभी संग नहीं रह सकते।'

'यह भी कोई शर्त है?'

'है। हम शादीशुदा हैं। अगर मेरी जिन्दगी में मन मुताबिक सुख नहीं तो क्या फायदा? मेरी इच्छा तुम पूरी नहीं कर सकती हो तो मुझे भूल जाओ।'

जॉन के स्वर में कठोरता थी। एनी घबरा गयी। कहीं कुछ गलत हो गया हो। पूरी रात एनी कई तरह के विवादास्पद तर्कों में पड़ी रही। उसे तलाक कभी नहीं चाहिए था। वह जॉन को अपनी जान से भी ज्यादा प्यार करती थी, सुबह होते-होते उसमें बदलाव आने लगा। उसने अपने को बलपूर्वक समझाया।

दूसरे दिन अलस्सुबह ही एनी बीच पर आकर बैठ गयी। उस समय बीच खाली था।

आधे घंटे बाद जब जॉन उठा और उसने एनी को वहाँ नहीं देखा तो उसके

हाथ-पैर फूलने लगे। किसी ने बताया कि एनी बीच पर सनबाथ ले रही है तो उसकी जान में जान आयी। वह दौड़ता-सा वहाँ आ गया और अप्रत्याशित नजारे को देखता ठगा-सा जड़ हो गया। एनी बिकिमी पहने बीच पर औंधी लेटी थी। तौलिए से अंग ढके थे वह खूबसूरत लग रही थी। उसको विश्वास नहीं हो रहा था कि बेशर्म कहनेवाली खुद बेशर्म हो गयी है। उसने धीरे से पास जाकर कहा—बेशर्म यह हुई न कुछ गुदगुदाने वाली बात और हँसने लग गया।

बेशर्म...एनी ने धीमे से कहा।

नहीं, केवल तुम्हें शादी के बाद के स्वर्ग को दिखाने के लिए कर रहा था। दोनों हँसने लगे।

सब बेशर्मों के साथ हम भी...बेशर्म हो गये हैं।

□□